AF278318

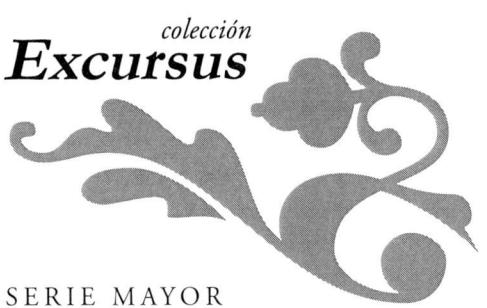

colección
Excursus

SERIE MAYOR

Ilustración de portada: Johannes Vermeer. *Mujer con un collar de perlas* (ca. 1660-1665). Óleo sobre lienzo, 55 x 45 cm. Berlin, Gemäldegalerie

Edición: Primera. Noviembre de 2025
ISBN: 979-13-87546-45-8
e-ISBN: 979-13-87546-46-5
Depósito Legal: M-25455-2025

Código Thema: QDTN [Philosophy: aesthetics]; AGA [History of art]
Código Bisac: ART015090 [History / Baroque & Rococo]; PHI001000 [Aesthetics]
Código WGS: 524 / Humanities, art, music / Renaissance, the Enlightenment
582 / Humanities, art, music / History of art

Lugar de impresión: Barcelona, España / Buenos Aires, Argentina
Diseño: Gerardo Miño
Composición: Eduardo Rosende

© Centro de Investigaciones Filosóficas, 2025.
© Miño y Dávila srl / Miño y Dávila editores sl, 2025.

Cualquier forma de reproducción, distribución, comunicación pública o transformación de esta obra solo puede ser realizada con la autorización de sus titulares, salvo excepción prevista por la ley. Diríjase a CEDRO (Centro Español de Derechos Reprográficos, www.cedro.org) si necesita fotocopiar o escanear algún fragmento de esta obra.

JEAN-PAUL MARGOT

La pintura holandesa
del Siglo de Oro

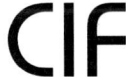

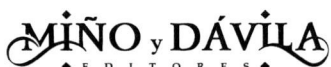

Excursus
Centro de Investigaciones Filosóficas
Instituto de Filosofía "Ezequiel de Olaso"

**(Centro de Investigaciones Filosóficas-
Consejo Nacional de Investigaciones Cientificas y Técnicas)**

Comité Editorial:
José Emilio Burucúa (UNSAM)
Ricardo Ibarlucía (INEO-CONICET, UNSAM)
Nicolás Kwiatkowski (UNSAM-CONICET)
Leiser Madanes (CIF)
Pablo Pavesi (INEO, UBA)

Coordinación editorial:
Juan M. Melone (INEO-CONICET, UBA)

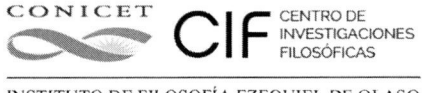

INSTITUTO DE FILOSOFÍA EZEQUIEL DE OLASO

Dirección postal: Miñones 2073, Ciudad Autónoma de Buenos Aires,
CP1428, Argentina

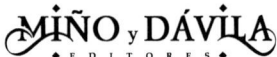

Dirección postal: Tacuarí 540 (C1071AAL), Ciudad de Buenos Aires, Argentina
c/López de Hoyos 15 (28006), Madrid, España
Correo electrónico: minoydavila@gmail.com
Página web: www.minoydavila.com.ar
Redes sociales: @minoydavila, www.facebook.com/MinoyDavila

Mientras el hombre creyó que la pintura digna de seria consideración debía representar temas nobles que instruyen tanto como deleitan, y que los grandes artistas son aquellos que idealizan al hombre y a la naturaleza, la pintura del siglo diecisiete fue considerada como un tipo de arte inferior. Solo cuando estas nociones fueron exitosamente cuestionadas por los artistas y críticos del siglo diecinueve se consideró a la pintura holandesa como una importante contribución al legado artístico de la humanidad. Fue posible entonces que un cuadro como la pintura de tamaño natural de Paulus Potter "The Young Bull" se convirtiera en uno de los cuadros más famosos y admirados del mundo.*

*   Seymour Slive, "Realism and Symbolism in Seventeenth-Century Dutch Painting", *Daedalus*, vol. 91. Núm. 3, 1962, p. 469. [IMAGEN 1]

ÍNDICE

PRESENTACIÓN

Nunca un país había entregado a sus artistas la tarea de pintar la vida familiar y doméstica de su tiempo, los hábitos privados, campestres y urbanos, como lo hizo Holanda en el Siglo de Oro. Al dejar de lado los grandes temas de la pintura italiana y, en general, de la pintura flamenca, el artista se queda con los temas de la vida diaria, con los paisajes, con los animales y con la naturaleza muerta, o sea, con el *realismo*. Théophile Thoré, Hyppolite Taine y Eugène Fromentin, son los responsables de la revalorización de la pintura holandesa del siglo XVII, al emplear el término "realismo" para designar una pintura cuya "verdad humana" se opone al idealismo poético de la pintura italiana. Ellos son deudores de Hegel. La esencia misma de la herencia hegeliana radica en la convicción *a priori* de que la pintura holandesa del siglo XVII es la expresión del espíritu de una época [*Zeitgeist*]. La palabra "expresión", con su esquiva ambigüedad, permite que el crítico y el historiador revelen la *Weltanschauung*, la concepción del mundo detrás de la obra de arte, que condiciona el carácter tanto colectivo como individual de la "representación" artística.

La pintura holandesa es vista en términos de su estilo y puede interpretarse como un síntoma, una manifestación de la raza, de la geografía, de fenómenos sociales y políticos, de la cultura, es decir, del momento y del entorno. Con todo, si exceptuamos la exagerada orientación sociológica e ideológica de la "crítica sin arte" de Taine, nos encontramos en Thoré-Bürger y, especialmente, en Fromentin, con interpretaciones que se acercan a la concepción de "la obra de arte como producto de la actividad humana", y se alejan, al mismo tiempo, de un "realismo" condicionado por el determinismo histórico. Pero Fromentin ofrece una visión equivocada de esta pintura como una transcripción ajena a cualquier consideración moral, emocional o intelectual.

La manera como la pintura holandesa del Siglo de Oro representa la guerra contribuye a la construcción de la identidad y de la conciencia nacional de los holandeses a través de un arte de persuadir que se expresa en una narrativa y en una iconografía propagandística que pretenden movilizar a las masas para crear un determinado estado de opinión. Cabe, entonces, preguntar ¿qué nos dicen las pinturas de género?; ¿de qué nos hablan? En toda obra de arte hay que buscar pistas, preferiblemente en la propia obra, si no en composiciones similares o en la literatura contemporánea. Hay pinturas que son fáciles de interpretar, pero hay otras que no, lo que lleva a examinar más de cerca el estatuto del sentido moral en la pintura holandesa. En las pinturas de género los mensajes morales se ocultan, a veces, por razones didácticas o estéticas, o se encuentran en pequeños detalles en el fondo del cuadro. La interpretación iconográfica –descripción de las imágenes– debe complementarse con una interpretación iconológica –explicación de las imágenes– de los símbolos, estableciendo un movimiento que va de la materia a la moral, de lo concreto a lo abstracto, del mundo animado al mundo inanimado, que revela un significado alegórico de la vida y sus caprichos, como una especie de advertencia o recordatorio.

Ahora, por un lado, no tenemos forma de saber qué pretendía realmente el artista. Por otro lado, las pinturas de género expresan las costumbres, los hábitos, los sentimientos de una nación: los retrata, pero produce también "efectos de realidad" en quienes las ven. Además, para los espectadores del siglo XVII, la lectura de una pintura difiere de la nuestra. Lo que es *visible* en esta pintura no es su objeto mismo, sino la *apariencia* de las cosas ordinarias, lo que está en su superficie y en su fugacidad. La pintura holandesa del Siglo de Oro hace de la apariencia una esencia. Al rechazar la separación radical entre lo ideal y lo real, la valorización de la apariencia transforma el concepto de realidad. En tanto que meditación sobre la apariencia, la pintura holandesa del Siglo de Oro ejemplifica la necesidad de disolver la vieja oposición entre realismo e idealismo, entre naturaleza e ideal, entre representar la naturaleza y recrearla. La multiplicidad de realismos lleva a una variedad de estrategias interpretativas que evidencia la complejidad y ambivalencia de la interacción entre realidad y apariencia, arte e ilusión, inherente al mundo social y cultural representado en las pinturas.

Santiago de Cali, agosto de 2025.

CAPÍTULO I

La revalorización de la pintura holandesa del siglo XVII en Francia: Thoré, Taine y Fromentin

> *Los autores del siglo XIX, responsables de la revalorización de la pintura holandesa, no se contentan con considerarla el producto de un pueblo, de un lugar, de un tiempo; piensan, además, que esta pintura refleja fielmente el mundo circundante, que es, en otros términos, «realista» e incluso «naturalista».*[1]

1. El realismo

Movimiento artístico y literario, cuyo propósito era la representación objetiva de la realidad basada en la observación y en la descripción de los aspectos cotidianos que brindaba la agitada vida política francesa desde la proclamación de la República, en 1848, hasta la Comuna de París, en 1871, el realismo facilitó a los artistas un amplio campo de representación para una variedad de temas ligados a nuevas formas sociales de sensibilidad que acompañaban las novedosas ideas políticas. La filosofía nos enseña que no hay respuesta definitiva a la pregunta ¿qué es la realidad? Pero podemos aceptar lo siguiente:

> En su acepción moderna, la del siglo XIX, el Realismo es la concepción del arte y de la literatura que se da como objetivo *la representación (no la reproducción como pudo decirse sin pensar bien en el sentido de la palabra)* de la realidad, es decir, del hombre y de la sociedad contemporáneos. El novelista y el pintor realista rechazan la imaginación como agente activo de

---

1   Tzvetan Todorov, *Éloge du quotidien. Essai sur la peinture hollandaise du XVIIe siècle*, Paris, Éditions du Seuil, 1997, p. 43. Todas las traducciones, salvo indicación en contrario, nos pertenecen.

la construcción literaria o pictórica, pero pintan los ensueños y las fantasías de sus personajes, porque la imaginación y los sueños son una realidad.[2]

El naturalismo surge en la estela del *Curso de filosofía positiva* (1830-1842) de Auguste Comte y de las grandes teorías científicas, como el *transformismo* de G. Cuvier y el *evolucionismo* de C. Darwin, que suscitan "una verdadera fe en la razón y en el descubrimiento progresivo de las leyes que rigen los fenómenos naturales".[3] El naturalismo también expresa la mentalidad y la sensibilidad de una época a las que se suele llamar cientificismo —*scientisme*, en francés–, más filosofía que ciencia, capaz de generar sus propias hipótesis y teorías, como las leyes del determinismo biológico de la herencia, con Prosper Lucas en su *Traité philosophique et physiologique de l'hérédité nature-lle* (1850), o el positivismo sociológico de Hippolyte Taine, de tanta resonancia en todos los países europeos, que pretende encontrar las leyes que dominan toda la producción de las obras de arte en un país. Como dice Yvan Lissorgues:

> La cuestión del Realismo no radica solo en la presencia de algún reflejo de lo real en la obra de arte, sino que depende del grado de atención y del papel que se le otorga a la realidad. Surge, pues, la orientación realista, como fenómeno de época, con la conciencia colectiva de que la realidad *por sí sola* (es decir, no sometida a un proceso de idealización) merece ser objeto de arte.[4]

La decisión de retratar a trabajadores, obreros y campesinos en su contemporaneidad urbana y rural, conjugada con el compromiso social de los artistas y escritores, es el horizonte en el que se inscriben

---

2   Yvan Lissorgues, "El Realismo. Arte y literatura, propuestas técnicas y estímulos ideológicos", edición digital de la Biblioteca Virtual Miguel de Cervantes. 2008. (El énfasis me pertenece). Citamos una edición digital del ensayo de Yvan Lissorgues sin paginación y sin referencias. No hemos podido consultar la edición original en García de la Concha 1998, pp. 3-31.

3   *Ibid.*

4   *Ibid.*

las investigaciones y los estudios de Théophile Thoré (1807-1869), Hyppolite Taine (1828-1893) y Eugène Fromentin (1820-1876), quienes son los "responsables de la revalorización de la pintura holandesa" del siglo XVII, al emplear el término "realismo" para designar una pintura holandesa cuya "verdad humana" se opone al "idealismo poético de la pintura italiana". Ellos son deudores de Hegel. La esencia misma de la herencia hegeliana radica en la convicción *a priori* de que la pintura holandesa del siglo XVII es la expresión del espíritu de una época [*Zeitgeist*]. La palabra "expresión", con su esquiva ambigüedad, permite que el crítico y el historiador revelen la *Weltanschauung*, la concepción del mundo detrás de la obra de arte, que condiciona el carácter tanto colectivo como individual de la "representación" artística. La pintura holandesa es vista en términos de su estilo y puede interpretarse como un síntoma, una manifestación de la raza, de la geografía, de fenómenos sociales y políticos, de la cultura, es decir, del momento y del entorno.

En la Primera parte de sus *Lecciones sobre la estética* (1820-1829), texto fundador del estudio moderno del arte[5], titulada "La idea de lo bello artístico o el ideal", Hegel escribe a propósito de "la relación de la representación ideal del arte con la naturaleza" lo siguiente:

> Todavía no se ha puesto término a la antigua disputa, siempre renovada, sobre si el arte debe representar naturalmente en el sentido de lo externo, o bien enaltecer y transfigurar los fenómenos naturales. [...] Tampoco los objetos representados ni el hombre corriente son de riqueza inagotable, sino limitados: [...] Pero, en cuanto artísticamente creador, el hombre es todo un mundo de contenido que él ha hurtado a la naturaleza y acumulado en el comprensivo dominio de la representación y la intuición como un tesoro que ahora de modo simple restituye libremente por sí sin los prolijos condicionamientos y aprestos de la realidad.[6]

5   Véase Gombrich, Ernst H., "«The Father of History»", en Ernst H. Gombrich, *Tributes. Interpreters of our cultural tradition*, Oxford, Phaidon, 1984, pp. 51-69; 254-255.

6   Georg Wilhelm Friedrich, Hegel, *Lecciones sobre la estética*, traducción

En otros términos, lo representado por el arte no agota la realidad, "el ser-ahí meramente objetivo". El arte sobrepasa a la naturaleza. Es común desde el siglo XIX relacionar las obras pictóricas con las circunstancias políticas y sociales y, por qué no, geográficas: es en Hegel en quien debemos buscar la fuente de esta relación:

> Los holandeses han extraído el contenido de sus representaciones de sí mismos, de la actualidad de su propia vida, y no puede reprochárseles que una vez más hayan realizado efectivamente este presente por medio del arte [...] Para saber en qué consistía el interés de los holandeses de entonces debemos interrogar su historia. El holandés se ha dotado a sí mismo de la mayor parte del suelo en que habita y vive, y se ve precisado a defenderlo y mantenerlo continuamente contra el asalto del mar; los burgueses de las ciudades y los campesinos se sacudieron con coraje, tenacidad y valentía el dominio español de Felipe II, el hijo de Carlos V, aquel poderoso rey del mundo, y con la religión de la libertad obtuvieron, junto con la libertad política, la religiosa. Este civismo y este carácter emprendedor, tanto para lo pequeño como para lo grande, en la propia tierra como en el vasto mar, esta prosperidad solícita y al mismo tiempo pulcra, elegante, el alborozo y la petulancia en la autoestima de que todo esto se debía a su propia actividad, esto es lo que constituye el contenido general de sus cuadros. Pero no son estos temática y contenido vulgares a los que quepa acercarse con la presunción del cortesano o de los refinamientos de la buena sociedad. En tal sentimiento de vigoroso nacionalismo

---

de Alfredo Brotóns Muñoz, Madrid, Akal, 1989, pp. 120-122. (Edición alemana: *Vorlesungen über die Ästhetik*, Zweite Auflage, hrsg. von Heinrich Gustav Hothos, Berlin, Duncker und Humblot, 1842). (Se cita como *Hegel*, página/s). "Los derechos de la naturaleza y los derechos de lo bello, el ideal y la verdad natural: la discusión en torno a tales palabras, en principio indeterminadas, puede ser inacabable [...] en esta oposición entre el ideal y la naturaleza se tenía por tanto en mente más un arte que los demás, pero principalmente la pintura, cuya esfera es precisamente la particularidad intuitiva. Por eso queremos plantear más generalmente la pregunta respecto a esta oposición así: ¿el arte debe ser poesía o prosa?" (*Hegel*, pp. 120-121).

pintaron Rembrandt su famosa "Ronda nocturna" de Ámsterdam, Van Dyck tantos de sus retratos, Wouwermann sus escenas ecuestres, y aquí han de contarse incluso esos festines, diversiones y placenteras chanzas campestres.[7]

2. Théophile Thoré-Bürger

Étienne-Joseph Théophile Thoré, llamado también Théophile Thoré-Bürger –el ciudadano Thoré[8]– y después William Bürger, abogado de formación, fue un periodista y crítico de arte francés, y un comprometido activista republicano cercano al socialismo revolucionario de Saint-Simon:

> Como muchos hombres de su generación, estaba obsesionado por las promesas incumplidas de la Revolución de 1789. Pensaba que el destino histórico de los franceses los llevaba a aspirar a un nuevo orden. Desde su juventud saint-simoniana, Thoré creía que la humanidad entera saldría de la fase de transición en la que se encontraba desde el Renacimiento, para entrar en un nuevo período feliz, por ser orgánico, armonioso.[9]

Thoré conoce dos revoluciones, las de 1830 y 1848. Su participación en la Revolución de julio, llamada también *Las Tres gloriosas*, le significa un nombramiento como sustituto del fiscal del rey en el tribunal civil de La Flèche, un cargo que abandona rápidamente para dedicarse de lleno a la crítica de arte y al periodismo político. Su participación en la segunda –la auténtica heredera de la Revolución de 1789–, la denominada Revolución de febrero, le significa el exilio. En 1839 intenta fundar el periódico *La Democracia*, cuya vocación debía ser "continuar el movimiento social y político de la Revolución

---

7   *Ibid.,* p. 126.

8   La palabra alemana *Bürger* significa "ciudadano". Thoré utiliza el seudónimo William Bürger a partir de 1855.

9   Frances Suzman Jowell, "Politique et Esthétique : du Citoyen Thoré à William Bürger", en Bouillon Jean-Paul, (ed.), *La Critique d'art en France, 1850-1900*, Actes du colloque de Clermont-Ferrand, 25, 26, 27 mai 1987, Saint-Étienne, Université de Saint-Étienne, 1989, p. 29.

francesa". Al año siguiente, publica el folleto *La verdad sobre el partido democrático* y es condenado a una multa y a un año de prisión en Sainte-Pélagie. A partir de 1844 trabaja como crítico de arte en *El Constitucional*. En 1848, rechaza el cargo de director de Bellas-Artes y funda otro periódico, *La verdadera república*, rápidamente prohibido. Candidato derrotado en varias elecciones regionales, en marzo de 1849 edita de nuevo *La verdadera república* –con el epígrafe "Sin la Revolución social, no hay verdadera república"– pero las oficinas de la redacción del periódico son saqueadas el 13 de junio. El 15 de noviembre de 1849 es condenado al exilio por el Alto Tribunal de Versalles por sus actividades insurgentes. Refugiado político en Bélgica, Suiza, Alemania e Inglaterra, Thoré desarrolla durante diez años una intensa actividad de crítico de arte y de escritor. Visita museos europeos y colecciones privadas, consulta archivos y bibliotecas y, bajo el seudónimo de Bürger –"un nombre cuidadosamente elegido por su sugerencia de ciudadanía supranacional"[10]– consolida su fama con la publicación de su larga reseña en *Le Siècle* sobre la legendaria exposición "Los tesoros de arte de Gran Bretaña", realizada en Manchester en 1857. Amnistiado, Thoré regresa a París en 1859. Hasta su muerte, en 1869, prosigue sus investigaciones en historia del arte, se implica en importantes ventas de arte, redacta novedosos catálogos de ventas, colecciona[11] y aconseja a coleccionistas, a la vez que escribe

---

10   Frances Suzman Jowell, "Thoré-Bürger and the Revival of Frans Hals", *The Art Bulletin*, 56, 1, 1974, p. 102, n. 15.

11   "Mi manía de coleccionar cuadros [*manie de tableau*]", escribe Théophile Thoré a Felix Delhasse el 23 de enero de 1861, "se refiere sobre todo a obras que pueden ayudarme en mis investigaciones históricas. Ya he reunido algunos cuadros que son interesantes desde este punto de vista, y terminaré teniendo una galería bastante inusual de *bric-à-brac*" (citado en Frances Suzman Jowell, "Thoré-Bürger's art collection: «a rather unusual gallery of bric-à-brac»", *Simiolus. Netherlands quarterly for the history of art*, t. XXX, 2003, p. 54). Pese a sus limitados medios económicos, Thoré logró reunir un número significativo de obras; en el momento de su muerte todavía conservaba *El jilguero* (1654) de Carel Fabritius –quien murió en la explosión de Delft el 12 de octubre de 1654 y que fue, según Thoré, el profesor de Van der Meer (William Bürger, "Van der Meer de Delft", *Gazette des Beaux-arts*, Tome XXI, oct-dic., 1866, p. 308); después de

reseñas para los Salones anuales y las exposiciones internacionales. Su actividad en el campo de la historia y de la crítica del arte es indisociable de sus ideas radicales de izquierda y de sus escritos políticos. Thoré fracasó en política, pero trasladó su fervor revolucionario al campo del arte: trasladó sus anhelos de cambio social de la política a la estética. Si preconiza un papel social para el arte, es fundamentalmente por su dimensión moral. Escribe en el *Salon de 1864*:

> El arte tiene por objeto la belleza y no la idea. Pero, mediante la belleza, el arte debe hacernos amar lo que es verdadero, lo que es justo, lo que resulta ser fecundo para el desarrollo del hombre. Un retrato, un paisaje, una escena familiar, un tema [*sujet*] cualquiera, pueden tener este resultado tanto como una imagen heroica o alegórica. Todo lo que expresa, de una manera bien sentida, un carácter profundo del hombre o de la naturaleza encierra el ideal, puesto que provoca la reflexión sobre puntos esenciales de nuestra vida. En este sentido, se puede decir que el tema [*sujet*] no importa demasiado, siempre y cuando entrañe algún elemento significativo y simpático.[12]

---

poner en duda la insistencia de Bürger de hacer salir a Vermeer del taller de Rembrandt, H. Havard puede admitir que Fabritius inspiró a Vermeer, pero no que fue su maestro (Henry Havard, "Johannes Vermeer (Van der Meer de Delft)", *Gazette des Beaux-arts*, t. XXVIII, 1er juillet, 1883b, p. 224)– y tres cuadros con figuras de Jan Vermeer. La pintura de Fabritius tiene un papel central en la novela de Donna Tartt, *The Goldfinch* (2013), adaptada al cine por John Crowley en 2019 con el mismo nombre.

12 William Bürger, *Salons de W. Bürger 1861 à 1868*, tome second, avec une préface par T. Thoré, Paris, Ve Jules Renouard, 1870, p. 14. En su alegato durante el juicio por la publicación de *La verdad sobre el partido democrático*, Thoré dijo: "Nuestra moral, me atrevo a decir nuestra religión, es la creencia en el progreso y en la perfectibilidad del hombre y del género humano. Nuestro deber, por lo tanto, no es solo el perfeccionamiento de nuestra vida individual, sino también el perfeccionamiento del mundo político y social": *Discours prononcé devant les jurés pour sa défense*, Paris, BnF, Arsenal, ms. 7914: citado en Thierry Laugée, "Les chroniqueurs militants de la *Revue républicaine*, suivi d' un projet de prospectus pour *La démocratie* d'après un manuscrit inédit de Victor Schoelcher", en Lachenal, Lucie & Méneux, Catherine (ed.), *La critique d'art de la Révolution à la monarchie de Juillet*, p. 46, n. 14.

La causa de Thoré siempre ha sido la República y la Democracia. La crítica de arte es, al menos hasta la mitad de la década de 1850, un arma política al servicio de "un principio republicano, la utilidad del arte o el arte para el progreso, un arte en oposición al arte por el arte, es decir, simplemente dedicado al placer estético"[13]; un arte al servicio del progreso de la humanidad, es decir, al progreso de la situación política del pueblo. En este sentido, si desde sus inicios como crítico de arte, en 1830, Thoré defiende el realismo en la pintura, ilustrado por Jean-François Millet y Gustave Courbet –"el más pintor [*le plus peintre*] de la Escuela francesa"[14], porque se ocupa de "pintar lo que se ve", a saber, la miseria del pueblo y las iniquidades de los poderosos.[15] [IMAGEN 2]

---

13   Thierry Laugée, *op. cit.*, p. 51.

14   Frances Suzman Jowell, "Politique et Esthétique : du Citoyen Thoré à William Bürger", p. 35.

15   El realismo no consiste en "copiar la realidad": "¿Cómo podríamos copiar la realidad en las artes? Hemos visto escuelas que pretendían hacerlo; pero a estos sectarios estrechos les ocurrió lo que era inevitable, que, a pesar de ellos, nunca fueron capaces de hacer abstracción de su personalidad, y acabaron, como siempre, en una mezcla y en una aproximación relativa. Dejemos, pues, de lado ese presunto naturalismo que contraría la naturaleza y que ni siquiera podría existir, esa teoría absurda de la imitación *material* que supondría, en primer lugar, el suicidio del artista y la aniquilación de todas las cosas; pues habría que quitar al mismo tiempo el alma del pintor y la vida incesantemente móvil del ser al que quiere pintar" (*Salon de 1847*, en William Bürger, *Salons de W. Bürger 1861 à 1868*, p. 478). Pasando algunas horas entre el *Banquete de la Guardia Cívica de Ámsterdam en celebración de la paz de Münster* (1648) de Bartholomeus Van der Helst (1613-1670) y *La ronda de noche* (1642) de Rembrandt (1606-1669), Thoré escribe al principio del primer volumen de *Museos de Holanda*: "Ambos, cada uno a su manera, llevan la *realidad* hasta la *ilusión*. Pero este acercamiento de palabras en sí demuestra que no hay nada menos real que la *realidad* en pintura. Lo que llamamos así depende de la *manera de ver* de los individuos" (William Bürger, *Musées de la Hollande. I. Amsterdam et La Haye. Études sur l'école hollandaise*, Paris/Bruxelles, Vᵉ Jules Renouard/Ferdinand Claassen, 1858, p. 37). Si Taine puede ser considerado el *teórico* supremo del realismo, es preciso consentir que no hay *en pintura* una escuela realista en la decimonónica Francia: Courbet *por sí solo* encarna el realismo.

La inclinación de Bürger por "el carácter de la escuela holandesa en su conjunto: la vida, *la vida viva* [*la vie vivante*], el hombre, sus costumbres, sus ocupaciones, sus alegrías, sus caprichos"[16], le permite conjugar arte y política.[17] "[E]l arte holandés concuerda con la emancipación religiosa y política que propició en Holanda, a principios del siglo XVII, una sociedad nueva"[18]. Es un "arte para el hombre".[19] Las enseñanzas de la república holandesa son claras: "el retorno sincero a

---

16   William Bürger, *Musées de la Hollande. I. Amsterdam et La Haye. Études sur l'école hollandaise*, 1858, p. 322.

17   "En la pintura holandesa del siglo XVII, Thoré encontró la realización de su ideal estético. Fue en el arte del pasado donde entró en contacto con un arte verdaderamente humano y social, tan tristemente ausente, salvo esfuerzos esporádicos (por ejemplo, Delacroix) en el presente. Los maestros holandeses le proporcionaron el más glorioso ejemplo de realismo, hacia el que las necesidades políticas de los momentos le llevaban" (Philippe Rebeyrol, "Art historians and art critics, I: Théophile Thoré", *The Burlington Magazine*, XCIV, 1952, p. 197). "En más de un sentido, su crítica de arte es un ataque disfrazado al gobierno de Napoleón III. En este contexto, su elogio de la escuela holandesa del siglo XVII constituye un reproche constante dirigido al régimen y al arte oficial del Segundo Imperio" (Frances Suzman Jowell, "Politique et Esthétique : du Citoyen Thoré à William Bürger", p. 28). Es la lucha de la libertad contra la tiranía. Entre 1848 y 1860, cuando vuelve amnistiado a Francia, "una revolución completa había transformado no solo las instituciones políticas, sino la literatura y el arte. De 1830 a 1850, el romanticismo había dominado en todo lo que no era el gobierno y, lo propio del romanticismo, no es solo una manera particular de entender la forma, es también la tendencia al ideal, la generosidad de los sentimientos, la exaltación poética de la pasión. Un cuadro de Delacroix, un poema de Víctor Hugo, un drama de Dumas padre, una novela de George Sand, un discurso de Lamartine, se asemejaban en esto, que en todos se afirmaba la creencia en la bondad del hombre y de la naturaleza, el entusiasmo por la civilización, la fe en el progreso. La dura prueba a la que la realidad sometió estas teorías de 1848 a 1851 y el régimen inaugurado por el golpe de Estado del 2 de diciembre cambiaron bruscamente las cosas. Se había pensado que, con la revolución de 1848, regresaría la edad de oro, pero la libertad no había cumplido sus promesas y, sin darle tiempo a corregirse por sí misma, el despotismo había llegado a asfixiarla" (Gustave Larroumet, "L'art réaliste et la critique", *Revue des deux mondes* (1874-1893), Troisième période, vol. 114, núm. 4 (15 décembre), 1892, p. 822).

18   William Bürger, *Musées de la Hollande. I. Amsterdam et La Haye. Études sur l'école hollandaise*, IX.

19   William Bürger, Ibid, p. 326

la naturaleza y el abandono de los antiguos simbolismos". Mientras Rafael mira hacia atrás y ve a la humanidad abstracta, Rembrandt mira hacia adelante y ve a "una humanidad real y viva": el primero encarna la apoteosis de un estilo artístico pasado, el segundo es el porvenir, es la fuente de un nuevo principio, el de "hacer lo que se ve y lo que se siente".[20]

En el primer volumen de *Museos de Holanda*, Bürger descubre en el *Mauritshuis* de La Haya "un gran pintor, cuya biografía no es más conocida que la de Hobbema, y cuyas obras son aun más escasas. Tan sólo se sabe que nació en Delft hacia 1632 [...]. Se lo llama el van der Meer de Delft (*Delfsche* van der Meer)".[21] Dos años más tarde, en el segundo volumen, dedica 22 páginas a la "Esfinge" de Delft y levanta una breve lista de 12 cuadros auténticos, y de una o dos docenas de cuadros por "reconocer".[22] En el primero de tres artículos publicados en la *Gaceta de las Bellas Artes*, correspondiente al primero de octubre de 1866, Bürger le dedica su "*esfinge*" al escritor, periodista y teórico del movimiento realista Champfleury: "Conviene también restituir [*restituer*] a van der Meer junto a Pieter de Hooch y Metsu, en la vecindad de Rembrandt. A mi vez, le dedico mi *esfinge*, que reconocerá como un ancestro de artistas enamorados de la Naturaleza, que la entienden y la expresan en su atractiva sinceridad".[23] Apenas diez años antes, Jan van der Meer –"el pintor *realista*" de la *Lechera* y de la *Vista de Delft*[24]– era prácticamente un desconocido.[25] [imagen 3]

20 William Bürger, *Musées de la Hollande. II. Musée Van der Hoop, à Amsterdam et Musée de Rotterdam*, Paris/Bruxelles, Vᵉ Jules Renouard/Ferdinand Claassen, 1860, X-XIII.

21 William Bürger, *Musées de la Hollande. I. Amsterdam et La Haye. Études sur l'école hollandaise*, p. 272.

22 William Bürger, *Musées de la Hollande. II. Musée Van der Hoop, à Amsterdam et Musée de Rotterdam*, pp. 67-88.

23 William Bürger, "Van der Meer de Delft", pp. 297-298.

24 *Ibid*, p. 330.

25 "En el museo de La Haya, un paisaje soberbio y muy singular cautiva a todos los visitantes e impresiona vivamente a los artistas y entendidos en pintura. Es una vista de ciudad, con un muelle, una antigua puerta en arcada, edificios de muy variada arquitectura, muros de jardines, árboles, y,

En algunos catálogos y publicaciones aparecen nombrados cuadros como *La encajera* [*Dentellière*] –hoy en el *Louvre*– y la *Vista de Delft* –hoy en el *Mauritshuis*– con unos datos biográficos muy inciertos donde se mezclan a menudo tres van der Meer en uno –un Jan van der Meer de Utrecht, y dos de Haarlem–.[26] No es precisamente el menor de los méritos de Bürger el haber "separado" los van der Meer mediante una investigación, tan rigurosa como novedosa, de las firmas autógrafas en esta entrega y en la siguiente. El segundo artículo, correspondiente al primero de noviembre, empieza con una sentida petición: "Debemos, por favor, aceptar a van der Meer de Delft en esta pléyade de «pequeños maestros» holandeses, y como su igual. Como ellos, es naturalmente original y lo que ha hecho es perfecto".[27]

A diferencia de sus contemporáneos, Bürger no utiliza "pequeños" en un sentido peyorativo: si Gerrit Dou pasa por ser "el primero de los *pequeños* pintores holandeses", es porque el *pintor de género* se diferencia de Rembrandt, de van der Helst y de algunos otros "maestros de la *gran* pintura"[28], por el tamaño de sus pinturas. En esta "pléyade", que incluye, entre otros, a Gabriël Metsu, a Gerard Ter Borch, a Jan Steen y a Pieter de Hooch, Van der Meer de Delft se destaca por un

---

delante, un canal, una lengua de tierra y algunas figuras humanas. El cielo gris plateado y el tono del agua nos recuerdan un poco a Philip Koninck. El brillo de la luz, la intensidad del color, la solidez de los empastes en ciertas partes, el efecto muy real y, sin embargo, muy original, también tienen algo de Rembrandt. Cuando visité por primera vez los museos de Holanda, hacia 1842, este extraño cuadro me sorprendió tanto como la *Lección de Anatomía* y los otros Rembrandts, muy curiosos, del museo de La Haya. Al no saber a quién atribuirlo, consulté el catálogo: «Vista de la ciudad de Delft, del lado del canal, por Jan van der Meer de Delft». ¡Vaya! ¡He aquí uno que no conocemos en Francia, y que bien merecería ser conocido!" (William Bürger, "Van der Meer de Delft", p. 298). "Van der Meer es casi inédito en Francia", escribirá Fromentin diez años después (Eugène Fromentin, *Les maîtres d'autrefois*, Paris, Éditions Plon et Cᵢₑ, 1876, p. 224).

26   Havard llena parcialmente este vacío en la rehabilitación de Vermeer por Thoré (Henry Havard, "Johannes Vermeer (Van der Meer de Delft)", *Gazette des Beaux-arts*, t. XXVII, 1ᵉʳ janvier, 1883a, pp. 389-399).

27   William Bürger, "Van der Meer de Delft", p. 459.

28   William Bürger, *Musées de la Hollande. I. Amsterdam et La Haye. Études sur l'école hollandaise*, pp. 77-78.

suplemento de acento, de fisionomía,[29] de distinción y de extrañeza: la "corrección de pose y expresión"[30]; "La cualidad más prodigiosa de Vermeer, incluso antes de su instinto fisiognómico, es la calidad de la luz".[31]

> En Vermeer, la luz no es en absoluto artificial; es precisa y normal como en la naturaleza, y tal como un físico escrupuloso puede desearla. [...] La luz parece provenir de la pintura misma, y los espectadores ingenuos se imaginarían fácilmente que el día se cuela entre el lienzo y el borde. [...] Es a esta exactitud de la luz que Vermeer debe la armonía de su colorido.[32]

"Como pintor de escenas familiares, Vermeer tiene iguales. Como pintor de vistas de ciudades, es único. Uno no sabría con quién compararlo".[33] En el tercer artículo, correspondiente al primero de diciembre de 1866, después de reproducir el *Catálogo de pinturas* vendidas el 16 de mayo de 1696, en Ámsterdam, con los veintiún "cuadros absolutamente auténticos del «Delftois»", Bürger presenta "la clasificación de un catálogo general de la obra hoy en día conocida" del van der Meer de Delft. En ella "separa" los cuadros "auténticos", los "dudosos", los señalados por "aficionados experimentados" y aquellos cuya existencia fue "constatada", pero cuyo rastro se perdió. "Separa", además,

> los tres géneros diferentes en los que sobresalió van der Meer: escenas familiares, pinturas de costumbres –conversaciones, como dicen los holandeses–: vistas de ciudades, de casas, las callejuelas [*ruelles*], según el término usado también en Holanda; finalmente, los paisajes; e incluso algunos cuadros excepcionales, de *naturaleza muerta*, como no dicen los holandeses, so

---

29 Bajo el nombre de Théophile Thoré, Bürger escribe un *Dictionnaire de phrénologie et de physiognomie à l'usage des artistes* (Paris, Librairie usuelle, 1836).

30 William Bürger, "Van der Meer de Delft", p. 460.

31 William Bürger, *Ibid*, p. 461.

32 William Bürger, *Ibid*, p. 462.

33 *Ibid*.

pretexto de que la naturaleza es por doquier viva, aun cuando parece inmóvil: *stil leven*, la vida tranquila; es la misma expresión que en alemán: *still leben*; la misma que en inglés: *still life*.[34]

El resultado de esta "ingenua" separación es la autentificación de cincuenta cuadros –un número ciertamente muy superior a los treinta y cinco reconocidos en el presente– que hace de Thoré-Bürger el gran descubridor de Vermeer.

Musées de la Hollande (1858 y 1860) es una obra fundamental: supera no solamente en calidad todas las guías previamente publicadas sobre las colecciones de pintura holandesa –generalmente muy deficientes–, sino que "inauguró una nueva era en la historiografía del arte holandés"[35]: "Es posible que sus *Musées de la Hollande* no hayan incitado a la revolución ni traído la nueva República Universal, pero establecieron un canon y una imagen duraderos del arte holandés del siglo XVII, e influyeron decisivamente en los términos en los que se veía, valoraba y emulaba el arte holandés; fue una imagen que tomó algún tiempo para cambiar."[36] A diferencia de muchos críticos de arte contemporáneos que, a menudo, no han visto las obras que comentan, Bürger afirma que "[c]uando se trata de pintura es absolutamente necesario ver con sus propios ojos, juzgar sólo después de una autopsia, *nach Autopsie*, como dicen los alemanes, empleando a la perfección la palabra según su etimología: *autos opsis* –ver por sí mismo–".[37] Para cada pintura, Bürger busca delimitar el tema, la escuela –"El acercamiento a las obras en toda la línea de una escuela es el procedimiento más instructivo para los artistas y para los aficionados. Solo se conoce bien lo que hemos estudiado desde el prin-

---

34   *Ibid*, pp. 543-544.

35   Frances Suzman Jowell, "From Thoré to Bürger: the image of Dutch art before and after the Musées de la Hollande" (presentado en el Coloquio *The Shifting Image of the Golden Age*, Rijksmuseum, 29-30 mai 2000), *Bulletin van het Rijksmuseum*, t. XLIX, núm. 1, 2001, p. 47.

36   *Ibid*, p. 56.

37   William Bürger, *Musées de la Hollande. I. Amsterdam et La Haye. Études sur l'école hollandaise*, p. 240.

cipio hasta el final"[38]–, la técnica empleada, al igual que la verificación con la mayor certeza posible de la firma, de las fechas –"¡Qué desgracia que Van Ruijsdael nunca haya fechado sus cuadros! Esto es un obstáculo para hacer la historia en serie de sus producciones, sin lo cual, en mi opinión, nunca se podría entender íntimamente a un maestro"[39]–, el lugar que la pintura ocupa en la obra del artista, comparándola con otras pinturas visibles en otras colecciones, y las dimensiones. Con este método,[40] que consiste en "proceder de lo conocido a lo desconocido"[41], Thoré ha escrito unas páginas excelentes e inolvidables sobre varios maestros de la escuela pictórica holandesa del Siglo de Oro.

En cada uno de los cuatro museos que visita –el Rijskmuseum y la colección Van der Hoop en Ámsterdam, el Mauritshuis en La Haya, y el Boijmans en Rotterdam–, empieza con Rembrandt "a quien amo por encima de todos los pintores"[42], presentado como un gran artista naturalista "cuyo genio está a una distancia infinita por encima de todos los artistas de su país".[43] Dejando de lado los efectos retóricos

---

38 William Bürger, *Musées de la Hollande. II. Musée Van der Hoop, à Amsterdam et Musée de Rotterdam*, p. 5.

39 *Ibid*, p. 133.

40 Véase William Bürger, *Musées de la Hollande. II. Musée Van der Hoop, à Amsterdam et Musée de Rotterdam*, p. 19, n. 1. "Cada pintura es examinada por tema, estilo, condiciones técnicas y descrita vívidamente para el ojo de la mente del lector. Investiga, con un aire de rectitud positivista, firmas, ortografía, fechas, dimensiones. Pero también proyecta narrativas imaginadas, divaga, revisa, rememora. Comenta sobre la procedencia, el precio y la reputación –a menudo protestando por el olvido injusto– o la fama inmerecida. Relata conversaciones con curadores y restauradores que amablemente quitaron pinturas de las paredes para examinarlas más de cerca. No se limita al museo en cuestión, y a menudo se refiere a otros edificios municipales o colecciones en Holanda (o incluso en cualquier parte de Europa) para apoyar un argumento o establecer el paradero de la obra de un artista" (Frances Suzman Jowell, "From Thoré to Bürger: the image of Dutch art before and after the Musées de la Hollande" p. 47).

41 William Bürger, "Van der Meer de Delft", p. 464.

42 *Ibid*, p. 462.

43 William Bürger, *Musées de la Hollande. I. Amsterdam et La Haye. Études sur l'école hollandaise*, p. 92.

del "por encima", lo que se advierte a la lectura de *Museos de Holanda* es que Rembrandt encarna para Thoré la escuela holandesa, y que se convierte –para bien, y para mal– *en la vara de medir a todos los demás artistas*: por eso todos son estudiados después de él, clasificados según su especialidad. Así, "lo que se podía tomar del pintor, si no del poeta original y del pensador profundo, Adrian van Ostade se lo apropió"[44]; Pieter de Hooch "se aferra mucho al método de Rembrandt".[45]

> Este genio del Norte es siempre y en todas partes el primero [...] La admiración, sin embargo, es compartida entre él y Paul Potter en el museo de La Haya, como entre él y van der Helst en el museo de Ámsterdam. Allí, el famoso *Banquete de los arcabuceros* les parece a los holandeses una obra maestra a la altura de *La ronda de noche*[46]; aquí, el famoso *Toro*, una obra maestra a la altura de *La lección de anatomía*.[47]

A propósito del *Paisaje en el que se encuentran los retratos de Adriaen van de Velde y de su esposa*[48] de Adriaen van de Velde, que detalla en

---

44   *Ibid*. "Adriaan van Ostade es una especie de Rembrandt en pequeño", *Ibid*.

45   *Ibid*, p. 98: *Musées de la Hollande. II. Musée Van der Hoop, à Amsterdam et Musée de Rotterdam*, p. 56.

46   Como se sabe, la compañía de arcabuceros del Capitán Frans Banninck Cocq, óleo sobre lienzo, 379 cm x 435. 5 cm, viene de su *doele*, o *doelen* –que significa disparo–, del local de su corporación. Pero lo que no sabíamos sino hasta recientemente, gracias a la restauración del cuadro que hizo el Rijksmuseum, es que el barniz que cubre el lienzo contiene betún de Judea que, ennegrecido con el tiempo, le da un aspecto oscuro a la escena. Bürger ya había advertido que el título elegido en el siglo XIX era erróneo: "La luz, sin embargo, es tan extraña, tan fenomenal a primera vista, que a menudo se ha tomado este efecto por un efecto nocturno, y esto es sin duda lo que contribuyó a hacer bautizar el cuadro con el absurdo nombre: *La ronda de la noche*. [...] Es, pues, la luz del sol, del pleno sol, inundando los puntos en los que sus rayos inciden a través de las aberturas; la que hace que los espacios parezcan más oscuros donde los rayos no se deslizan directamente" (William Bürger, *Musées de la Hollande. I. Amsterdam et La Haye. Études sur l'école hollandaise*, pp. 13-14).

47   *Ibid*, pp. 190-191.

48   *Portrait of a couple with two children and a nursemaid in a landscape* (1667), óleo sobre tela, 148 cm x 178 cm. Hoy en el Rijksmuseum de Ámsterdam.

el museo van der Hoop, escribe: "Nos hemos dejado llevar por la serie de artistas que se adhieren más o menos a Rembrandt, cuando hubiéramos debido hablar en primer lugar de una obra maestra incomparable, la más preciosa y cara del Museo van der Hoop".[49] Y, desde luego, Frans Hals, "este maestro valiente y original, que debe ser considerado como el verdadero precursor de Rembrandt, y que casi lo igualó, después de haber desarrollado [*agrandi*] su estilo al ver obras del joven pintor establecido en Ámsterdam"[50], y a quien Bürger restituyó a su "legítimo" lugar en la pintura holandesa del siglo XVII en dos artículos que publicó en la *Gazette des Beaux-Arts* en 1868.[51]

Con todo, es cuando Bürger se aparta –no suficientemente a menudo, en nuestra opinión– de su vara de medir que parece sentirse más cómodo y que es más justo.

> Holanda, escribe, tiene este privilegio único de haber producido más de una docena de artistas perfectos en lo que son [...] cada uno tiene su carácter original y su manera personal. Gerard Dov (*sc.* Gerrit Dou) no obvia [*ne dispense point*] a van Ostade, ni Metsu a Jan Steen; Paul Potter no borra a Aalbert Cuijp; ni Ruijsdael a Hobbema. Todos tienen una individualidad muy distinta, y fácilmente reconocible.[52]

Con la licencia que le concede este privilegio, Bürger plasma unos retratos, ya no pictóricos, sino literarios, donde pierde la moderación y el comedimiento que exigen un Rembrandt ante el cual uno "se

---

49 William Bürger, *Musées de la Hollande. II. Musée Van der Hoop, à Amsterdam et Musée de Rotterdam*, pp. 88-89.

50 *Ibid*, p. 121.

51 *Gazette des Beaux-Arts*, t. XXIV, pp. 219-230; pp. 431-448. "Fue en los escritos de Bürger donde por primera vez se le dio a Hals el lugar que le corresponde. Ignorando los breves y censuradores relatos acerca del desenfreno de Hals, Bürger emprendió una cuidadosa revalorización crítica e histórica del maestro" (Frances Suzman Jowell, "Thoré-Bürger and the Revival of Frans Hals", pp. 105-107).

52 William Bürger, *Musées de la Hollande. I. Amsterdam et La Haye. Études sur l'école hollandaise*, 79-80.

recoge [*se recueille*]".[53] Da rienda suelta a los gustos más acordes con su propio temperamento, entusiasta, anticlerical y de libre pensador, y aparece "la obra del incomparable Jan Steen"[54], "el gran mimo de la risa".[55]

> [E]l franco bromista, [...] el humorista espiritual y profundo que parece haber elegido la comedia humana como texto para sus pinturas. [...] La *epopeya* de Jan Steen [...] toca lo más profundo de la humanidad. [...] No hay una obra de Jan Steen que no sea una burla de las costumbres o de las pasiones. [...] Las invenciones burlescas de Jan Steen, lejos de ser la glorificación de los extravíos que le gusta describir, tienen siempre en el fondo un significado moral. La intemperancia, el libertinaje, la pereza, el desorden muestran siempre su castigo en algún resquicio del propio cuadro. Exactamente como en el Marqués de Sade o en M. Bouilly.[56]

Tal vez, Bürger estaba pensando en Hegel –y Hegel, a su vez, en Jan Steen, Brueghel el Viejo, o Adriaen Brouwer– quien escribe a propósito de la pintura neerlandesa:

---

53   William Bürger, *Musées de la Hollande. I. Amsterdam et La Haye. Études sur l'école hollandaise*, p. 22.

54   *Ibid*, p. 124.

55   William Bürger, "Van der Meer de Delft", p. 316.

56   William Bürger, *Musées de la Hollande. I. Amsterdam et La Haye. Études sur l'école hollandaise*, pp. 104 -110. Véase, también, *Ibid*, pp. 252-258. "Insistiré en el carácter del genio de Jan Steen, siempre que nos encontremos con sus obras maestras" (William Bürger, *Musées de la Hollande. II. Musée Van der Hoop, à Amsterdam et Musée de Rotterdam*, p. 108). "Mientras que Rembrandt, con una naturalidad profunda y sublime, expresa el lado serio de la vida, la ciencia, el trabajo, el patriotismo, la devoción, a veces incluso las pasiones, a la manera de Shakespeare, artistas honestos y plácidos, como Adriaan van Ostade, o alegres bribones, como Brouwer y Jan Steen, se entregan a la burla y toman la existencia por su lado burlesco" (*Ibid.*, p. 110). Sobre el Marqués de Sade, véase Jean-Paul Margot, "La modernidad de Sade", en Margot Jean-Paul, *Modernidad, crisis de la modernidad y pomodernidad*, Cali, Programa editorial Universidad del Valle, 2010, pp. 9-40. Jean-Nicolas Bouilly, abogado, escritor, dramaturgo y político, fue muy activo durante la Revolución francesa de 1789.

[C]uando de lo insignificante y contingente pasa a lo rústico, a la naturaleza tosca y vulgar, estas escenas aparecen tan completamente impregnadas de un júbilo y una alegría ingenuos, que lo que constituye el objeto y el contenido propiamente dichos no es lo vulgar, que sólo es vulgar y canallesco, sino este júbilo y esta ingenuidad [...] En este despreocupado abandono de sí reside aquí el momento ideal: *es el domingo de la vida que todo lo iguala y aleja toda maldad*; hombres tan de todo corazón bienhumorados que no pueden ser del todo malos y despreciables [...] Una jovialidad y comicidad tales forman parte del inestimable valor de estos cuadros.[57]

Teerbug (*sc.* Ter Borch), por otro lado, más plácido que Jan Steen, no se asemeja a nadie y merece un lugar aparte. "Fue él quien inventó las escenas de interior elegante, las conversaciones, los juegos de cartas, las galanterías discretas, la recepción de esquelas amorosas, los conciertos íntimos, en un pequeño salón tapizado de seda, donde las jóvenes ladies coquetamente adornadas exhiben con despreocupación sus vestidos de satén"[58], unas escenas a las que los pintores de género holandeses son tan aficionados. También están distinguidos Gabriël Metsu, hermano menor de Ter Borch, y "su igual", Jacob van Ruysdael, con sus pinturas de paisajes, Philips Wouwerman, con sus escenas de batallas, con sus escenas de interior, entre otros "artistas perfectos en lo que son".

El arte pictórico holandés del siglo XVII, "con su *naturalismo*" es, pues, original y único en la Europa moderna. "Hace tiempo que se escribió: una sociedad nueva requiere un arte nuevo [*A société nouve-*

---

57   *Hegel*, p. 643. (El énfasis me pertenece). "[E]n las cantinas de los holandeses, en bodas y bailes, comiendo y bebiendo, aunque se produzcan altercados y golpes, solo hay alegría y placer, y también hay mujeres y muchachas, y todo y todos están penetrados por un sentimiento de libertad y desenfreno. Esta jovialidad espiritual de un goce lícito, que cabe hasta en las obras en que aparecen animales y se revela como saciedad y placer, estas frescas, briosas libertad y vitalidad, espirituales en la aprehensión y en la representación, constituyen el alma superior de tales cuadros" (*Hegel*, p. 126).

58   William Bürger, *Musées de la Hollande. I. Amsterdam et La Haye. Études sur l'école hollandaise*, p. 118.

lle, art nouveau]. [...] Ahora bien, el arte holandés es el primero que ha renunciado a toda imitación del pasado, y que se ha volcado hacia lo nuevo. Este es su valor esencial, además de su habilidad técnica, su naturalidad y su claridad".[59]

3. Hyppolite Taine

Hyppolite Taine, filósofo, autor de numerosos libros sobre muy variados temas, fue una de las figuras más influyentes de la vida intelectual francesa de su época. Expone su concepción de la estética –"una estética de tipo histórico-natural"[60]– en su *Filosofía del arte*.[61] El libro, que consta de cuatro tomos y fue publicado en 1882, resume las diez lecciones que impartió en la Escuela de Bellas Artes en París durante cinco años, de 1865 a 1869, en la cátedra de *Arte y Estética*.

---

59 William Bürger, *Musées de la Hollande. II. Musée Van der Hoop, à Amsterdam et Musée de Rotterdam*, XV.

60 Carlos Arturo Fernández Uribe, "Hipólito Taine: la obra de arte como hija de su tiempo", *Artes la Revista*, vol. 3, núm. 6, julio-diciembre, 2003, p. 51. "La idea fundamental de Hipólito Taine es tan clara como indiscutible: la comprensión de una obra de arte solo es posible si se relaciona con todos los elementos que configuran su entorno físico, artístico y cultural. Sin embargo, Taine la utilizó para formular un esquema causal determinista, basado en las ciencias naturales. A pesar de la gran influencia que ejerció en su propio tiempo, hoy se conocen menos sus ideas que las críticas que se le formulan. Por ello, conviene revisar sus propuestas metodológicas y teóricas que, a pesar de sus limitaciones, son básicas todavía para analizar la obra de arte como «hija de su tiempo»" (*Ibid*, p. 49). "No queremos desconocer la vinculación esencial entre el arte y su tiempo que mueve la reflexión de Taine y que lo hace todavía merecedor de una atención especial. Sin embargo, es necesario señalar que aquellas ideas básicas deben ser sometidas a una nueva lectura que permita liberarlas de los lastres de la causalidad positivista y de los rezagos del idealismo" (*Ibid*, pp. 59-60).

61 "La *Filosofía del arte* (1865) de H. Taine (1828-1893) ha sido aceptada como el paradigma de las sociologías decimonónicas del arte. [...] Su peculiaridad estriba en el intento de acometer las dependencias del arte respecto a las sociedades en las cuales florece, desde una explicación causal, determinista y presuntamente científica" (Simón Marchán Fiz, *La estética en la cultura moderna. De la Ilustración a la crisis del Estructuralismo*, Madrid, Alianza Editorial, 1987, p. 166).

En el primer año, las clases versaron sobre el arte italiano desde el siglo XIII hasta el 1500; al año siguiente, las lecciones fueron retomadas desde el siglo XVI y llegaron hasta la "decadencia" en el siglo XVII. Las lecciones continuaron el tercer año con las escuelas de Venecia, Bolonia y Nápoles, el cuarto año fueron sobre pintura de los Países Bajos y el quinto sobre escultura griega. Integrados al desarrollo histórico, el autor introduce módulos metodológicos en los que deja explícitos los principios y el "espíritu" de su teoría: la naturaleza de la obra del arte, la producción de la obra de arte –tomo I–, y el ideal en el arte –tomo IV, el más filosófico. Considera que toda producción artística es fruto de fuerzas históricas y naturales (situación geográfica, condiciones político-económicas y sociales de una época determinada). Para Taine la "facultad dominante" del artista es una función de la raza, el ambiente físico y el momento en el que desarrolla su actividad. Es decir, defiende cierto determinismo histórico que reduce lo artístico a funciones del entorno físico y del momento histórico. A pesar de ello, el arte sigue unas pautas evolutivas que, un tanto a la manera hegeliana, se despliegan y se manifiestan con mayor o menor calidad, en función del desarrollo de la generalización de la idea expresada, la plenitud de su expresión y su valor moral.

La *École des Beaux-Arts* en la que Taine se desempeñaba era una escuela de artistas estructurada en función del ideario clasicista. El respeto a los modelos artísticos del pasado y la concepción de la historia como *magistra vitae* (maestra de la vida) estaban en el centro de la cultura institucional. Tener en cuenta este dato permite apreciar el efecto de ruptura que el estilo de Taine podía producir. En París, la historia del arte taineana arremetía, a través de su *ethos* liberal, contra la estética moralizante de Victor Cousin, filósofo y funcionario del gobierno; mientras que su énfasis en las condiciones externas al artista (el medio o *milieu*) se oponía a la teoría del *art pour l'art* defendida por el crítico romántico Théophile Gautier. "Taine era crítico e historiador (las dos palabras son intercambiables para él); [...] pero no era crítico e historiador del arte [...] En resumidas cuentas, la crítica

sin arte era la condición de Taine".[62] En sus cursos, Taine permanece
fiel a su concepción de una estética "moderna", o sea, "histórica, no
dogmática; es decir, que no impone preceptos, sino que señala leyes".[63]
Así las cosas, la crítica de arte debe ser como una ciencia que plantea
leyes con el fin de explicar algunos fenómenos.

> El método moderno que trato de seguir, y que empieza a in-
> troducirse en todas las ciencias morales, consiste en considerar
> las obras humanas, particularmente las obras de arte, como
> hechos y productos cuyas causas hay que investigar y cuyos
> caracteres es preciso conocer; nada más que esto. Comprendi-
> da de esta manera, la Ciencia no perdona: consigna y explica.
> [...] Casi podríamos considerarla [*sc.* esta nueva ciencia] como
> una especia de botánica, aplicada, no a las plantas, sino a las
> obras humanas.[64]

62   Patrizia Lombardo, "Hippolyte Taine ou la critique sans l'art", *Cahiers de
     l'Association internationale des études françaises*, núm. 37, 1985, p. 180.

63   Hyppolite Taine, 1865, p. 20. Las citas de Taine corresponden a la traduc-
     ción de Amparo Cebrián y Federico Climent Terrer para la primera edición
     castellana de *Filosofía del arte* en cuatro tomos (véase Hyppolite Taine,
     Filosofía del arte, traducción de Amparo Cebrián y Federico Climent Te-
     rrer, 4 vols., Madrid, Calpe, 1922). [Se cita entre paréntesis como Taine,
     la fecha y la paginación de la edición francesa original].

64   *Ibid,* pp. 21-22. "Por encima de la coincidencia instintiva de los diversos
     gustos, los modernos procedimientos de la crítica vienen a sumar la auto-
     ridad de la ciencia a la autoridad del sentido común. [...] la primera ope-
     ración en historia consiste en situarse en el lugar de los hombres y en sus
     costumbres; en adoptar sus sentimientos, en repensar sus ideas, en repro-
     ducir en sí mismo su estado interno; en representarse minuciosamente y
     de manera palpable el medio en que vivían, en seguir con la imaginación
     las circunstancias y las impresiones que, actuando sobre su carácter innato,
     han determinado los hechos y guiado la vida de aquellas gentes" (Hyppolite
     Taine, 1867, p. 18). Taine recurre constantemente a la botánica para explicar
     en qué consiste la naturaleza de la obra de arte y la ley de su producción:
     "vegetación"; "flores diversas"; "floración"; "el arte germinaba"; "la vid"
     (Hyppolite Taine, 1865, p. 80, p. 81, p. 100; Hyppolite Taine, 1866, pp.
     4-5). En el Tomo 2, dedicado a "La pintura de los Países Bajos", se refiere
     a la historia del arte en Italia y en los Países Bajos en estos términos: "Es
     una floración preparada profundamente, y desde largo tiempo atrás, por
     una elaboración de la savia, conforme a la estructura adquirida y a la na-
     turaleza primitiva de la planta que la produce. En consonancia con nuestro

Taine no está interesado en describir determinadas obras de arte[65], sino en definir el arte: ¿qué es el arte? ¿cuál es su naturaleza? Para explicar en qué consiste "un carácter de importancia", tema central que estudia en el Tomo 1 –"Hacer que un carácter predomine sobre todos los demás: tal es el fin de la obra de arte"[66]– Taine "escapa ha-

---

método, estudiaremos, en primer término, esa historia íntima y previa, en la que habrá de fundarse la historia externa y posterior. Veamos ante todo la semilla, es decir, la raza con sus cualidades básicas e indelebles, tales como se han conservado a través de todas las circunstancias y bajo todos los climas; después la planta, o sea el pueblo, con sus cualidades originales acrecentadas o disminuidas, pero en todo caso aplicadas y transformadas por el medio y la historia; por último, la flor, es decir, el arte y especialmente la pintura, en la cual culmina todo este desenvolvimiento" (Hyppolite Taine, 1869, p. 2); "De igual manera que una profunda revolución geológica trae consigo su fauna y su flora características, del mismo modo a cada gran transformación de la sociedad y del espíritu corresponden determinados tipos ideales. En tal respecto, nuestros museos se asemejan a las galerías de Historia Natural, pues los seres imaginarios, al igual que los seres vivos, son al mismo tiempo producto e indicio del medio en que se han formado" (Hyppolite Taine, 1869, p. 69). A propósito del "ideal del arte", escribe: "Nosotros, según nuestra costumbre, lo estudiaremos metódicamente como naturalistas" (Hyppolite Taine, 1867, pp. 1-2).

65   Una breve referencia a Rubens en el Tomo 1 (Taine, 1865, pp. 49-50; pp. 58-59), otra más larga en el Tomo 2 (Hyppolite Taine, 1869, pp. 130-139), y unas pocas páginas en el Tomo 2 sobre Rembrandt (Hyppolite Taine, 1869, pp. 162-166), por cierto, magníficamente escritas, revelan una gran sensibilidad estética, pero carecen de un análisis crítico de algún cuadro en particular.

66   Hyppolite Taine, 1867, p. 19. "[E]l arte tiene por objeto manifestar el ca-rácter fundamental, la cualidad saliente y notable, un punto de vista im-portante o un modo de ser principal del objeto" (Hyppolite Taine, 1865, p. 51). "En todos los detalles de la vida ordinaria, en todas las muestras de interior satisfacción y de duradera prosperidad hallaréis los efectos del carácter fundamental que ha quedado impreso en el clima y en el suelo, en el animal y en el vegetal, en el hombre y en todas sus obras, en la sociedad y en el individuo. […] Sacarle a la luz y hacerle patente es la misión del arte, y ya comprenderéis que si el arte consagra su esfuerzo a tal objeto es porque la Naturaleza no llega a realizarlo" (Hyppolite Taine, 1865, p. 57). "[L]a obra de arte tiene como fin manifestar algún carácter esencial o sa-liente con más claridad e intensidad que lo manifiestan los objetos reales. Para ello el artista se forma una idea de ese carácter, y en consecuencia con su idea, transforma el objeto real. Este objeto, transformado de tal suerte,

cia la historia natural"[67]: se vale del "principio de la subordinación de los caracteres" en las clasificaciones de la botánica y de la zoología, el de "la analogía de los caracteres, mediante la cual Geoffroy Saint-Hillaire explicó la naturaleza de los animales y Goethe la estructura de las plantas".[68] Aplica este principio al hombre, "ante todo al hombre moral y a las artes que lo toman como objeto"[69], y se convierte en geólogo, en "un excavador que remueve el terreno y así pone de manifiesto nuestra geología moral"[70], al descubrir las diversas capas de ideas y sentimientos que existen en el hombre.

> En la superficie del hombre se hallan las costumbres, las ideas, una especial aptitud de espíritu que duran tres o cuatro años; estos corresponden a la moda y al momento. [...] Más abajo se extiende una capa de caracteres algo más sólidos: dura veinte, treinta, cuarenta años; [...] Ya hemos llegado a las capas de tercer orden, de gran extensión y espesor. Los caracteres que la constituyen duran un periodo histórico completo, como la Edad Media, el Renacimiento o la época clásica.[71]

Las obras de arte son, así, la adecuada expresión del hombre moral, es decir, de su carácter. ¿Cómo no pensar en Hegel cuando uno lee la Primera parte –"Las causas permanentes"– de *La filosofía del arte en los Países Bajos*?

> Dos grupos de pueblos han sido, y son todavía, los principales factores de la civilización moderna. De una parte, los pueblos latinos o latinizados: italianos, franceses, españoles y portugueses; de otra, los pueblos germánicos: belgas, holandeses, alemanes, daneses, suecos, noruegos, ingleses, escoceses y americanos. En el grupo de los pueblos latinos, los italianos

---

se halla en *conformidad con la idea*, o en otros términos, *es ideal*" (Taine, 1867, p. 2; véase también Taine, 1865, p. 60).

67   Hyppolite Taine, 1867, 25.
68   Hyppolite Taine, 1867, 30-31.
69   Hyppolite Taine, 1867, 34.
70   Hyppolite Taine, 1867, 34-35.
71   Hyppolite Taine, 1867, 35-38.

son, incontestablemente, los más artistas; en el grupo de los pueblos germánicos lo son, indiscutiblemente, flamencos y holandeses. De suerte que estudiando la historia del arte en ambos países estudiaremos la historia del arte moderno en sus dos representaciones más elevadas y opuestas.[72]

La oposición entre las razas germánicas y las razas latinas, la influencia del clima y del suelo, la formación del carácter, las costumbres y los gustos, la excelencia y la superioridad de la pintura en los Países Bajos, y por qué este arte es "nacional" –"la razón de este hermoso privilegio estriba en el carácter nacional"[73]–, se inspiran claramente de lo que Hegel escribe a propósito de la pintura en la tercera sección de la Tercera parte de su Estética, "Las artes románticas": "Aquí se hace valer primordialmente el espíritu particular de los pueblos, de las provincias, de las épocas y de los individuos, y afecta no sólo a la elección de los temas y al espíritu de la concepción, sino también a la índole del dibujo, del agrupamiento, del manejo de los pinceles, del tratamiento de determinados colores, etc., hasta las manías subjetivas".[74] A lo largo del segundo Tomo de su Filosofía del arte, dedicado a Gustave Flaubert, Taine aplica la regla que había establecido al principio de sus lecciones: "[P]ara comprender una obra de arte, un artista, un grupo de artistas, es preciso representarse, con la mayor exactitud posible, el estado de las costumbres y el estado de espíritu del país y del momento, en el que el artista produce su obra. Esta es la última explicación; en ella radica la causa inicial que determina todas las demás condiciones".[75] "Para estas imaginaciones realistas y en este medio republicano"[76], la "pintura pública" representa a un ciudadano de carne y hueso, a tal magistrado que gobierna bien, al valiente oficial, pero también a grupos de hombres reunidos en torno a su oficio, síndicos, arcabuceros y profesores, "verdadero cua-

---

72 Hyppolite Taine, 1869, 1-2.
73 Hyppolite Taine, 1869, 49.
74 *Hegel*, p. 594.
75 Hyppolite Taine, 1865, 13.
76 Hyppolite Taine, 1869, 157.

dro de historia, lo más instructivo y expresivo de cuantos existen"[77], que adornan los espacios institucionales.[78] La "pintura privada", la que adorna las casas particulares, es "la representación del hombre real y de la vida real, tales como los ojos los ven: burgueses, campesinos, ganado, pequeñas tiendas, posadas, habitaciones, calles y paisajes. No es necesario transformarlos a fin de darles más nobleza; les basta existir para ser dignos de interés".[79] En cuanto a la fidelidad de los cuadros, para Taine solo se justifica por "la pesadez sin idea de un realismo laborioso".[80] En Holanda, afirma, "el ideal es estrecho". El artista holandés "no se parece a nuestros pintores. […] es más ingenuo; […] comparado con nosotros es un artesano"; "Estaríamos bien y a gusto en su cuadro. Vemos que no imagina más allá".[81]

4. Eugène Fromentin

Eugène Fromentin estudió leyes en París, pero se dedicó a la pintura y a la literatura. Como artista –ni Thoré ni Taine lo eran–, atraído por el mundo oriental, entonces de moda en los medios culturales, hizo viajes a Argelia y a los confines saharianos. De los textos de Fromentin solamente *Dominique* (1863) pertenece al ámbito estrictamente literario. En el resto de su producción se aprecia cómo su actividad de escritor fue influida por su faceta de pintor; así, ilustró él mismo dos libros en los que relató sus impresiones de viaje: *Un verano en el Sahara* (1857) y *Un año en el Sahel* (1859).

---

77 Hyppolite Taine, 1869, 158.

78 "[A] pesar de la oposición general (y a veces violenta) a las imágenes en los lugares de culto, los holandeses apreciaban el papel que las representaciones visuales desempeñaban en la edificación y el disfrute de los ciudadanos reformados" (Steven Nadler, *Rembrandt's Jews*, Chicago, University of Chicago Press, 2003, p. 49); véase también, *Ibid.* pp. 75-76.

79 Hyppolite Taine, 1869, 159.

80 Anne-Marie Christin, "Fromentin critique d'art ou la rhétorique", *Cahiers de l'Association internationale des études françaises*, núm, 37, 1985, p. 198.

81 Hyppolite Taine, 1869, 160-162.

Fromentin es el autor de un único libro sobre crítica de arte, *Les Maîtres d'autrefois* [Los maestros de antaño], redactado después de un viaje de unos días a Bélgica y Holanda, del 5 al 30 de julio de 1875. Publicado poco antes de su muerte, este libro tuvo un éxito considerable y numerosas reediciones. Varias razones lo llevan a emprender este viaje de estudio hacia el norte, lejos de Argelia, que le había traído gloria y fortuna. Los dos volúmenes dedicados a la pintura de los Países Bajos –*Historia de pintores de todas las escuelas* (1861) de Charles Blanc, así como *Los Museos de Holanda* (1858 y 1860) que Thoré firma como William Bürger– lo animan a querer descubrir *in situ* las pinturas que solo conoce a través de los grabados y las composiciones de los pequeños maestros con quienes los críticos a veces comparan sus obras. Como prólogo a su estudio, escribió: "Vengo a ver a Rubens y a Rembrandt en casa, y también la escuela holandesa en su ambiente, siempre el mismo, de vida agrícola, marítima, de dunas, praderas, grandes nubes, horizontes delgados. [...] Sólo traduciré con sinceridad las sensaciones sin consecuencia de un *diletante* puro".[82] "El «efecto» es la clave del gusto pictórico de Fromentin. Su estética no es la de lo bello, sino la del *abandono de uno mismo* a un poder que lo supera y lo arrastra".[83]

El viaje de Fromentin empieza con una visita al museo de Bellas Artes de Bruselas, y prosigue en Malinas, Amberes y La Haya, donde admira a Rubens, Ruysdael y Van Dyck. El 16 de julio, viaja a Ámsterdam y mira los cuadros de Rembrandt. De paso por Haarlem, el 20, se detiene frente a los de Frans Hals. Se dirige después a Gante y a Brujas para ver los de Van Eyck y Memling antes de terminar su gira en Bruselas en busca de los primitivos flamencos. Fromentin consigna sus observaciones frente a los cuadros o consultando catá-

---

82   Eugène Fromentin, *Les maîtres d'autrefois*, Paris, Éditions Plon et Cie, 1876, pp. 1-2.

83   Anne-Marie Christin, "Fromentin critique d'art ou la rhétorique", p. 200. "Porque «el efecto», si es generalmente una sorpresa, es también una *proximidad*. Gracias a él se salva una distancia entre un objeto –una imagen– y el hombre que lo observa. Existe un *vínculo* entre el uno y el otro, misterioso y vital" (*Ibid*, p. 202).

logos. Sus abundantes apuntes –a menudo escritos en el idioma y la gramática de los pintores, "no tienen ni plan ni método"[84]– y su memoria son la materia que usa para el libro escrito a su regreso en su propiedad de Saint-Maurice cerca de La Rochelle durante el verano y el otoño de 1875.[85] *Los maestros de antaño* no intenta ofrecer un tratado sistemático ni ordenado de las escuelas pictóricas locales; es una colección de impresiones y juicios sugeridos por algunas obras y por algunos maestros antiguos a un artista moderno, educado en la escuela de Eugène Delacroix y de Alexandre Decamps. El libro está dividido en dos partes principales: la primera tiene como tema la pintura flamenca y domina en ella la figura de Rubens; la segunda trata de la escuela holandesa y termina con el examen de las obras maestras de Rembrandt. Rubens es el pintor favorito de Fromentin: representa la figura ideal del artista digno y equilibrado. Fromentin lo entiende y compone un retrato casi perfecto, intelectual con una curiosidad sensible, pintor consumado, *homme de lettres*, culto, erudito y avezado en todas las formas de arte. En lo que respecta a Rembrandt, Fromentin está mucho menos seguro de haber entendido al hombre y su arte. Fromentin elogia algunas de sus cualidades, sus juegos de color y su extraordinaria aprehensión y uso de la luminosidad. En general, a Fromentin le resulta bastante difícil escribir sobre Rembrandt: "No sorprenderé a nadie si digo que *Ronda nocturna* no tiene ningún encanto, y el hecho no tiene paralelo entre las mejores

---

84   Eugène Fromentin, 1876, p. 417.

85   "De hecho, estos estudios solo serán apuntes, y estos apuntes los elementos desarticulados y desproporcionados de un libro por hacer: más especial que los que se han hecho hasta ahora, donde la filosofía, la estética, la nomenclatura y las anécdotas ocuparían menos espacio, los asuntos propios del oficio mucho más. Sería como una especie de conversación sobre pintura, donde los pintores reconocerían sus hábitos, donde la gente de mundo aprendería a conocer mejor a los pintores y la pintura. Por el momento, mi método será olvidar todo lo que se ha dicho sobre este tema, mi objetivo es plantear preguntas, hacer que las personas quieran pensar en ellas e inspirar quienes serían capaces de prestarnos semejante servicio la curiosidad por resolverlos" (Eugène Fromentin, 1876, p. 3). *Los maestros de antaño*, con sus estudios en los que no hay "ni método alguno, ni camino definido" (*Ibid*, p. 2) no es este libro.

obras del arte pictórico. Sorprende, desconcierta, se impone, pero carece absolutamente de esta primera atracción insinuante que nos persuade, y casi siempre comenzó por desagradar".[86] [IMAGEN 4][87]

Los incondicionales de Rembrandt nunca le perdonarán su análisis negativo de la *Ronda nocturna* y de *La lección de anatomía*[88], ni sus reservas sobre el artista.

Admirador de Taine, Fromentin aplica sus teorías sobre la raza, el medio ambiente y el tiempo, cuidándose de establecer el entorno físico e intelectual que vio nacer las obras de los pintores flamencos y holandeses. Fromentin identifica crítica e historia del arte, entendiendo cómo la valoración de una obra implica el conocimiento de sus premisas y conexiones históricas, y se interesa por la biografía de los pintores –por la vida fácil y feliz de Rubens, por la solitaria y atormentada de Rembrandt– solo para buscar la coincidencia entre el artista y el hombre. Un punto esencial de su "método" es la importancia dada al análisis estilístico. Pintor, Fromentin se destaca en este ejercicio y sus consideraciones sobre el oficio ocupan más espacio que sus comentarios históricos o anecdóticos sobre las obras, como en el caso de Rembrandt: "Así que, les advierto, no escaparé a las controversias técnicas que la discusión requerirá".[89]

Según Fromentin, la "escuela holandesa" nace a principios del siglo XVII, después de la *Tregua de los Doce Años*, también llamada *Tregua de Amberes*, firmada en 1609 entre España y las Provincias Unidas de los Países Bajos. Las mañanas no sólo cantan el reconocimiento *de facto* de la independencia de las siete provincias del norte de los Países Bajos[90] sino, también, el nacimiento de "una escuela de pintura nacional y libre"[91]: "un estado nuevo, un arte nuevo".[92] Libre

---

86   *Ibid*, p. 326.

87   Véase *supra* la nota 14.

88   *Ibid*, pp. 291-297.

89   *Ibid*, p. 330.

90   Holanda, Frisia, Groninga, Güeldres, Overijssel, Utrecht y Zelanda.

91   *Ibid*, p. 170.

92   *Ibid*, p. 163.

de modelos ajenos, la escuela holandesa deja de tomar prestados de Italia su estilo y su poesía, su gusto por la historia, por la mitología y por las leyendas cristianas[93]: "La escuela en su conjunto se dice de *género*".[94] Brueghel el Viejo es, según Fromentin, "el inventor del género, un genio de su terruño, maestro original, si alguna vez lo hubo, padre de una escuela por nacer, [...]".[95] Fromentin tiene razón, porque si El Bosco (*ca.* 1450-1516) es el último pintor flamenco, el último "primitivo", Pieter Brueghel de Oude, el Viejo (ca. 1528-1569), abre una nueva etapa en la pintura de Flandes, aquella en la cual se descubre al hombre y su mundo, y se inicia la era moderna. Ambos pintan grupos de gente, colectivos en su dinamismo, y ambos quieren mostrar el paisaje como un protagonista más. Pero, mientras que El Bosco ve al colectivo sufriendo en un mundo sobrenatural y caótico, en una naturaleza engañosa y dañina que le inspira –y le debe inspirar– terror al devoto, Brueghel hace una representación terrenal de la vida campesina, gente con sus alegrías y tristezas, sus vicios

---

93 "Ya no hay más desnudos; el cuerpo ideal, el hermoso animal humano que vive a pleno sol, la noble simetría de miembros y actitudes, los grandes cuadros alegóricos o mitológicos no encajan en los gustos germánicos" (Hyppolite Taine, 1869, p. 156).

94 Eugène Fromentin, 1876, p. 177. "[U]n arte enteramente nuevo con temas tan viejos como el mundo" (*Ibid,*). "Las pinturas de género holandesas del siglo XVII, comúnmente conocidas como escenas de la vida cotidiana, abarcan una sorprendente variedad de temas. Incluyen desde retratos de mujeres virtuosas que trabajan en el hogar hasta sus antípodas morales, prostitutas que ejercen seductoramente su oficio entre posibles clientes; desde campesinos en casuchas destartaladas hasta los ensueños de jóvenes elegantemente vestidos en entornos palaciegos; desde niños atentos en las aulas hasta sus primos traviesos que causan estragos en ocasiones festivas. La capacidad de estas imágenes sin pretensiones aparentes pero célebres para evocar la existencia diaria durante la llamada Edad de Oro en los Países Bajos, es legendaria" (Wayne Franits, "Genre Painting", en Helmer J. Helmers & Geert H. Janssen, (eds.), *The Cambridge Companion to the Dutch Golden Age*, Cambridge, Cambridge University Press, 2018, p. 268). "La pintura de género renuncia a la representación de todo lo que se sale de lo ordinario y permanece inaccesible al común de los mortales: no hay lugar aquí para los héroes y los santos" (Tzvetan Todorov, *Éloge du quotidien. Essai sur la peinture hollandaise du XVIIe siècle*, p. 20).

95 Eugène Fromentin, 1876, p. 22.

y virtudes, donde la naturaleza es casi siempre una aliada, como en *Cazadores en la nieve* (1565), pintura que pertenece a la serie titulada *Los meses* –enero– en la que introduce un relieve alpino en una escena que presuntamente transcurre en los Países Bajos. Brueghel –"el campesino"– es aficionado a los temas populares, si bien pintó algunos cuadros religiosos, como su *Cristo en el camino del Calvario* (1564). Toma sus personajes de lo natural mientras celebran un acontecimiento: las tareas de la agricultura –*Los cosechadores* (1565), *La siega del heno* (1568)–, la caza –*Los cazadores en la nieve* (1565)–, los juegos, las danzas –*Danza de campesinos* (1568), *Baile de boda* (1597)–, o las fiestas –*Boda campesina* (1568). Nos recuerda la obra del pintor flamenco Adriaen Brouwer (1605-1638), quien creó un importante puente entre el arte flamenco y el holandés al popularizar una nueva forma de pintura de género de los bajos fondos, humorística y rufianesca, en la que campesinos caracterizados de forma grotesca alborotan en tabernas de mala muerte: *Fumadores y bebedores de taberna* (1636), *La bebida amarga* (1636). La capacidad de expresar múltiples fisionomías con expresiones bizarras y sarcásticas es el aspecto más novedoso e ingenioso del arte de Brueghel el Viejo. Vivió unos años en Holanda donde, posiblemente, se formó con Frans Hals, e influyó en pintores como Adriaen van Ostade, Rubens y Rembrandt. Brueghel el Viejo busca el *realismo*, no la idealización típica del Renacimiento, y muchas de sus pinturas ponen de manifiesto lo absurdo y lo vulgar, hasta el humor negro para ilustrar las palabras de Cristo: "si un ciego guía a otro ciego, caerán ambos en el hoyo" (*Mateo*, 15) con *La parábola de los ciegos* (1568), reflejando las debilidades y necedades humanas. A veces roza la subversión, cargando más la protesta social. Felipe II de España (y Flandes) quería prohibir muchas de las celebraciones colectivas representadas por Brueghel como, por ejemplo, *La lucha entre el Carnaval y la Cuaresma* (1559), óleo sobre tabla de 119,4 cm x 171,2 cm, en el que los personajes que celebran el carnaval se enfrentan con representantes devotos de la Iglesia –taberna a la izquierda e iglesia a la derecha–, mientras a su alrededor la gente común, vendedoras de pescado, mendigos, bufones, niña jugando con una peonza, malabaristas, tullidos, músicos, etc., sigue haciendo su trabajo.[96] [IMAGEN 5]

En la parte inferior y central del cuadro, Don Carnaval, un hombre gordo y festivo sentado sobre un enorme barril de vino, y Doña Cuaresma, una mujer de cierta edad y escuálida, sentada en una aparatosa silla colocada en una especie de carro con ruedas tirado por una monja y un fraile, blanden unos largos palos, cual caballeros enfrentados en una justa. Parodia de un torneo medieval, *El combate entre don Carnaval y doña Cuaresma* puede interpretarse también como una crítica social satírica de los conflictos de la Reforma.

Pero, para que pudiera nacer el arte nuevo, era preciso un acontecimiento que Pieter Brueghel de Oude no vivió: "Para que el pueblo holandés viniera al mundo, para que el arte holandés naciera con él, [...] era necesario que se hiciera una revolución, que fuera profunda, que fuera feliz".[97] La revolución planteaba el siguiente problema:

> [D]ado un pueblo de burgueses, práctico, poco soñador, muy atareado, para nada místico, de espíritu antilatino, con tradiciones rotas, un culto sin imágenes, hábitos parsimoniosos, encontrar un arte que lo complaciera, cuya conveniencia captara y que lo representara. Un escritor de nuestro tiempo, muy ilustrado en estos asuntos, respondió, con mucho ingenio, que un pueblo así solo tenía que proponerse una cosa muy sencilla y atrevida, la única, por lo demás, que durante cincuenta años había tenido éxito constantemente: exigir que se hiciera su *retrato*.
>
> La palabra lo dice todo. Se advirtió rápidamente que la pintura holandesa era y solo podía ser el retrato de Holanda, su imagen externa, fiel, exacta, completa, parecida, sin ningún adorno. El

---

96 "Los bebedores y los pendencieros de Brouwer, los campesinos de van Ostade, los licenciosos de Jan Steen, no son máscaras de carnaval, sino individualidades reales y caracterizadas. Esta es una de las razones por las que la pintura holandesa tiene tanta naturalidad y precisión [*justesse*]" (William Bürger, *Musées de la Hollande. II. Musée Van der Hoop, à Amsterdam et Musée de Rotterdam*, pp. 262-263).

97 Eugène Fromentin, 1876, p. 169.

retrato de hombres y lugares, costumbres burguesas, plazas, calles, campo, mar y cielo. Tal debía ser, reducido a sus elementos primitivos, el programa seguido por la escuela holandesa, y así lo fue desde el primer día hasta su declive.[98]

Si *la palabra "retrato" lo dice todo*, es porque este "escritor de nuestro tiempo, muy ilustrado en estos asuntos", considera, como muchos de los críticos de arte del siglo XIX, que el único objetivo del cuadro es *representar* lo que es: en ello consiste el *realismo* de los pintores holandeses del siglo XVII que "tienen la reputación de ser, en su mayoría, unos copistas de vistas cortas [*des peintres réputés pour la plupart des copistes à vues courtes*]".[99] ¿Será que Fromentin comparte esta apreciación? No lo creemos, al menos no del todo, porque si bien escribe: "Era el destino de Holanda amar *lo que se asemeja* [*ce qui ressemble*], regresar a él algún día, sobrevivirse y salvarse a través del retrato"[100], o, exceptuando a Rembrandt: "[S]ólo se percibe un estilo y un método en los talleres de Holanda. El objetivo es imitar lo que es, hacer amar lo que se imita, expresar con claridad sensaciones simples, vivas y correctas"[101], a diferencia de Taine, quien no era ni pintor, ni artista, y que pensaba, erróneamente, que la producción artística era el mero reflejo de las realidades materiales, el *pintor* Fromentin distingue *semejanza* [*ressemblance*] e *imitación*. Lo que Fromentin alaba en el flamenco Rubens, es lo que también alaba en los maestros

---

98   Eugène Fromentin, 1876, pp. 172-173. Reconocemos en el "espíritu antilatino" la influencia de Taine (véase Hyppolite Taine, 1869, Primera parte). La única indicación de un libro al que *Les maîtres d'autrefois* remite al lector en un pie de página es *De la philosophie de l'art dans les Pays-Bas* de H. Taine, y es la única referencia explícita a un crítico de arte (Eugène Fromentin, 1876, p. 135). "Fromentin se refiere a Bürger en su manuscrito: los «Museos de Holanda, un pequeño manual instructivo de leer, no siempre bueno de creer al pie de la letra», escribe" (Anne-Marie Christin, 1985, *op. cit.*, p. 195, n. 8).

99   Eugène Fromentin, 1876, p. 179.

100 Eugène Fromentin, 1876, p. 165.

101 Eugène Fromentin, 1876, p. 178.

holandeses del siglo XVII, "esta facultad especial de representar a la persona humana en su íntima semejanza [*son intime ressemblance*]".[102]

> Es bastante notable que la *imitación* y la *semejanza* no solo sean distinguidas por el crítico, sino que se opongan entre sí categóricamente a lo largo de *Los maestros de antaño*. [...] La *imitación* era obra del humanismo latino, la *semejanza* pertenece a quien inventó –o reencontró– a Holanda. La una buscaba apropiarse de lo real creando una máscara idéntica, por una decisión voluntaria, y porque evolucionaba continuamente en un "universo humanizado"; la otra doblega el orgullo humano para buscar, por un trabajo de aproximaciones y diferenciaciones, lo que hace que este real esté presente fuera de cualquier modelo antropomórfico.[103]

El arte holandés es "realista" porque es "nuevo", y es "nuevo" porque todo cambia en la manera de concebir, de ver y de hacer. La pintura italiana y la pintura flamenca vivían en el absoluto donde todo se relacionaba más o menos con "la persona humana", en un "universo humanizado, del que el cuerpo humano, en sus proporciones ideales, era el prototipo".[104] La pintura holandesa, en cambio, se instala en lo relativo, pone al hombre en su sitio y, si es necesario, prescinde de él. "Ha llegado el momento de pensar menos, de apuntar menos alto, de mirar más de cerca, de observar mejor y de pintar igualmente bien, pero de otra manera. Es la pintura de la multitud, del ciudadano, del trabajador, del advenedizo y del primero que llega, enteramente hecha para él, hecha de él".[105] Imitar sí, pero, con el buen ojo del pintor, con su sensibilidad y con su imaginación[106]; copiar, no.

---

102 Eugène Fromentin, 1876, p. 105.

103 Anne-Marie Christin, *op. cit.*, pp. 207-208.

104 Eugène Fromentin, 1876, p. 174.

105 Eugène Fromentin 1876, p. 175.

106 Para Fromentin, "El arte de pintar es solo el arte de expresar lo invisible a través de lo visible" (Eugène Fromentin, 1876, p. 2). Para Hegel, "Al representar la naturaleza y las cosas que están allí, la pintura holandesa expresa en realidad el espíritu que las produjo. Al representar lo visible, expresa lo invisible" (Nicolas Grimaldi, "La peinture hollandaise selon

5. Un "ver por sí mismo"

En el horizonte abierto por las *Lecciones sobre la estética,* T. Thoré-Bürger, H. Taine y E. Fromentin supieron revalorizar la pintura del Siglo de Oro holandés. Cualesquiera que sean los límites del intento hegeliano de "reconstruir" el sentido de una obra de arte en virtud del espíritu de una época a la que pertenece[107], ellos son inherentes a esta revalorización. Con todo, si exceptuamos la exagerada orientación sociológica e ideológica de la "crítica sin arte" de Taine, nos encontramos en Thoré y, sobre todo, en Fromentin, con interpretaciones que se acercan a la concepción de "la obra de arte como producto de la actividad humana"[108], y se alejan, al mismo tiempo, de un "realismo" condicionado por el determinismo histórico. Hegel mismo muestra un sorprendente entusiasmo por la pintura de la edad de oro holandesa que contempla durante sus viajes por Alemania y Holanda[109], y sus observaciones acerca de la pintura neerlandesa están basadas en una "autopsia", en un "ver por sí mismo", que lo lleva a afirmar:

Hegel: le réalisme dans l'art comme déréalisation de la nature", en Nicolas Grimaldi, *L'art ou la passion feinte. Essais sur l'expérience esthétique,* Paris, Presses Universitaires de France, 1983, p. 81).

107 Ernst H., Gombrich, "«The Father of History»", pp. 51-69; 254-255.

108 *Hegel*, pp. 23-28.

109 "La pintura holandesa y alemana antigua, a través de la colección de los hermanos Sulpiz y Melchior Boisserée, primero en Stuttgart, luego en Núremberg y Heidelberg, y de la que, en aquel momento, se contemplaba el traslado a Berlín. También incluye la colección Solly en Berlín. [...] Esta experiencia se amplía durante los viajes por Alemania (por ejemplo, las colecciones de Ferdinand Franz Wallraf en Colonia, de Bettendorf en Aquisgrán) y Holanda (por ejemplo, las visitas a Bruselas, Gante, Brujas y Ámsterdam). [...] La pintura holandesa del siglo XVII, también en la galería de Dresde, siguiendo a Goethe (rehabilitación de la pintura de género y de los paisajes contra el desprecio con el que se la trataba entonces), luego durante el viaje a Holanda, donde Hegel relaciona esta experiencia museística de la pintura con la historia del pueblo holandés en lucha por su libertad política y religiosa" (Alain Patrick Olivier, "L'expérience de la peinture et son concept", *Verifiche, Rivista di scienze umane,* XLV (1-2), 2016, pp. 153-154).

Si el arte clásico configura en su ideal solo lo sustancial, aquí se nos aherroja y lleva a la intuición la naturaleza cambiante en sus huidizas exteriorizaciones, una corriente de agua, una cascada, espumeantes olas marinas, una naturaleza muerta con el contingente fulgor de los vasos, de los platos, etc., la figura externa de la realidad efectiva espiritual en las más particulares situaciones, una mujer que enhebra una aguja ante la luz, una emboscada de ladrones en un movimiento casual, lo más instantáneo de un ademán que rápidamente vuelve a encogerse, la risa y el sarcasmo de un campesino, en lo que son maestros Ostade, Teniers y Steen. Es un triunfo del arte sobre la caducidad, en el que lo sustancial se ve, por así decir, engañado respecto a su poder sobre lo contingente y fugaz [...] pero si tampoco ánimo y pensamiento son satisfechos, la intuición más de cerca reconcilia no obstante con ellos. Pues el arte de pintar y del pintor es lo que debe deleitarnos y arrebatarnos. Y de hecho, cuando uno quiera saber qué es pintar, debe contemplar estos cuadritos para decir de este o de aquel pintor: éste sabe pintar.[110]

---

110 *Hegel*, pp. 439 y 438.

CAPÍTULO II

Realismo y pintura holandesa del Siglo de Oro: Fromentin y Hegel

Los holandeses han extraído el contenido de sus representaciones de sí mismos, de la actualidad de su propia vida, y no puede reprochárseles que, una vez más, hayan realizado efectivamente este presente por medio del arte.[1]

¿Cuál otro pueblo ha escrito su historia en sus artes?[2]

1. La ambigüedad del realismo

Eugène Fromentin caracteriza la pintura holandesa como un "retrato" de la vida urbana y rural, y sostiene que la única motivación del pintor es ofrecer su "imagen exterior, fiel, exacta, completa, semejante, sin ningún adorno".[3] La revolución que hace libre[4] y próspero al pueblo holandés libera su arte de la iconografía

---

1   *Hegel*, 1989, p. 126. (Se cita como *Hegel*, la fecha de la traducción al español y la paginación; la fecha y la paginación de la edición alemana original).

2   William Bürger, *Musées de la Hollande. I. Amsterdam et La Haye. Études sur l'école hollandaise*, Paris/Bruxelles, Vᵉ Jules Renouard/Ferdinand Claassen, 1858, p. 324. "[L]a pintura holandesa es, en efecto, una verdadera historia, en la que los artistas nativos han fijado, en imágenes brillantes y justas, una especie de fotografía de su gran siglo XVII, hombres y cosas, sentimientos y hábitos, los hechos y gestos de toda una nación" (*Ibid*, p. 323). Es el mismo Bürger –es decir, Théophile Thoré– quien escribe al principio de su libro: "[N]o hay nada menos real que la *realidad* en pintura. Lo que llamamos así depende de la *manera de ver* de los individuos" (*Ibid*, p. 37). Todas las traducciones, salvo indicación en contrario, nos pertenecen.

3   Eugène Fromentin, *Les maîtres d'autrefois*, Paris, Éditions Plon et Cⁱᵉ, 1876, p. 173.

4   "Valientes en tierra y osadísimos héroes marinos, [Holanda] se componía de habitantes de ciudades, industriosos, acaudalados burgueses que, a gusto en su actividad, no aspiraban a nada excelso, pero que, cuando se

de la mitología antigua así como de las leyendas cristianas. Nunca un país había entregado a sus artistas la tarea de pintar la vida familiar y doméstica de su tiempo, los hábitos privados, campestres y urbanos, como lo hizo Holanda en el siglo XVII. Según el autor de *Los maestros de antaño*, la pintura de género[5] expresa un sentimiento muy

---

trató de defender la libertad de sus derechos honestamente adquiridos, de los privilegios particulares de sus provincias, ciudades, corporaciones, se sublevaron con intrépida confianza en Dios, en su coraje y entendimiento, se expusieron a todos los peligros sin temor ante el enorme prestigio de la soberanía española sobre medio mundo, derramaron valientemente su sangre y, con esta legítima audacia y perseverancia, conquistaron victoriosamente su autonomía religiosa y civil" (*Hegel*, 1989, p. 642).

5   "Los temas de los cuadros debían su existencia, originalmente, a la condena de la Reforma de las representaciones de temas religiosos, por lo que escenas de interiores, kermises y naturalezas muertas sustituyeron a las crucifixiones que las iglesias dejaron de encargar; y estos nuevos temas correspondían a las necesidades más profundas de una nueva sociedad. El humor, la ironía y la caricatura formaban parte integral de esta nueva tendencia, mientras que los cuadros de ciudades, puertos, flotas y batallas navales expresaban esta conciencia colectiva de una manera diferente" (Paul Zumthor, *Daily Life in Rembrandt's Holland*, trad. de Simon Watson Taylor, Stanford, Stanford University Press, 1994, p. 198). "Las pinturas de género holandesas del siglo XVII, comúnmente conocidas como escenas de la vida cotidiana, abarcan una sorprendente variedad de temas. Abarcan desde retratos de mujeres virtuosas que trabajan en el hogar hasta sus antípodas morales, prostitutas que ejercen seductoramente su oficio entre posibles clientes; desde campesinos en casuchas destartaladas hasta los ensueños de jóvenes elegantemente vestidos en entornos palaciegos; desde niños atentos en las aulas hasta sus primos traviesos que causan estragos en ocasiones festivas. La capacidad de estas imágenes sin pretensiones aparentes pero célebres para evocar la existencia diaria durante la llamada Edad de Oro en los Países Bajos es legendaria" (Wayne Franits, "Genre Painting", en Helmer J. Helmers, & Geert H. Janssen, (eds.), *The Cambridge Companion to the Dutch Golden Age*, Cambridge, Cambridge University Press, 2018, p. 268). "No era para nuestros artistas el brillo deslumbrante, la pompa, el ritual y la majestuosidad tan apreciados por sus colegas en el extranjero o el intenso amor por los misterios sagrados. Se concentraban, por el contrario, en los detalles íntimos de la vida cotidiana y en la contemplación soñadora de las distancias lejanas. Todos los aspectos esenciales del barroco tardío: su majestuosa elegancia, su grandilocuencia, su histrionismo, sus fuertes acentos, eran tan ajenos al arte holandés como el bullicio de la vida urbana lo es a una remota provincia" (Johan H. Huizinga, *Dutch Civilization in the Seventeenth Century: and other essays*,

holandés, en fórmulas muy holandesas[6]. Al dejar de lado los grandes temas de la pintura italiana y, en general, de la pintura flamenca, el artista se queda con los temas de la vida diaria, con los paisajes, con los animales y con la naturaleza muerta, o sea, con el *realismo*.

Fromentin ofrece una versión más radical de Hegel[7] cuando escribe:

> Una cosa que sorprende cuando se estudia el fondo moral del arte holandés es la ausencia de lo que hoy llamamos *un tema* [*un sujet*]. [...] durante casi un siglo, la gran escuela holandesa pareció pensar únicamente en pintar bien. Se contentó con mirar a su alrededor y prescindió de la imaginación. [...] La historia antigua, la ha olvidado, la historia contemporánea también, y este es el fenómeno más singular [...] Y la escuela que se ha ocupado más exclusivamente del mundo real parece ser la que más ha ignorado el interés moral; [...] ¿Qué razón tiene un pintor holandés para hacer un cuadro? Ninguna; y noten que nunca se le pregunta.[8]

El mundo sensible no es, para Hegel, un modelo digno del trabajo del artista:[9] el arte debe tomar lo ideal, no lo real, como tema

---

   selected by Pieter Geyl and F.W.N. Hugenholtz and translated by Arnold J. Pomerans, London, Collins, 1968, p. 81).

6   "El objetivo es imitar lo que es, hacer amar lo que se imita, expresar con claridad sensaciones simples, vivas y correctas [*justes*]" (Eugène Fromentin, *Les maîtres d'autrefois*, p. 178). En el siglo XVII, escribe Huizinga en 1941, "nuestro arte era tan intensamente nacional que se convirtió en la expresión más profunda de nuestro carácter" (Johan H. Huizinga, *op. cit.*, p. 109).

7   Jason Gaiger, *Dutch painting in the Golden Age* (United Kingdom: The Open University), 2016, pp. 34-35.

8   Eugène Fromentin, *op. cit.*, p. 193; pp. 204-205.

9   "[L]o bello artístico no es ni *la idea lógica*, el pensamiento absoluto tal como éste se desarrolla en el elemento puro del pensar, ni, a la inversa, la *idea natural*, sino que pertenece al ámbito *espiritual*, aunque sin por ello quedarse en los conocimientos y hechos del espíritu finito. El reino del arte bello es el reino del *espíritu absoluto*. [...] En todas las esferas del espíritu absoluto el espíritu se desprende de las opresivas barreras de su ser-ahí, pues de las contingentes relaciones de su mundanidad y del contenido finito de sus fines e intereses se abre a la consideración y a la consumación de su ser-en-y-para-sí" (*Hegel*, 1989, p. 73).

de su estudio. ¿Cómo explicar, entonces, que Hegel termine el capítulo sobre la pintura en la Tercera sección: "Las artes románticas", de la Tercera parte de sus *Lecciones sobre la estética*, con un elogio de la pintura holandesa del Siglo de Oro? Hegel reconoce en los cuadros de Jan Steen, David Teniers el Joven y Adriaen van Ostade la expresión de "una naturaleza exterior e interiormente ordinaria [*ordinäre*], la cual es exteriormente común [*gemein*] precisamente porque lo interno es común [*gemein*] y lleva a manifestación en su obrar y en todo lo externo sólo fines de envidia, celos, avidez de lo mezquino y sensual".[10] Advierte, además, que es "sobre todo la llamada pintura de género la que no ha desdeñado semejantes objetos y ha sido conducida por los holandeses hasta la cima de su perfección".[11] El mismo Hegel se pregunta:

> ¿Qué ha inducido a los holandeses a este género? ¿Qué contenido se expresa [*ausgedrückt*] en estos cuadritos [*Bildchen*], que, no obstante, evidencian tener la máxima fuerza de atracción? No cabe dejarlos de lado y rechazarlos sin más bajo el título de naturaleza común [*gemeiner Natur*]. Pues la temática propiamente dicha de estos lienzos, examinada más de cerca, *no es tan común como habitualmente se cree* [*ist so gemein nicht, als man gewöhnlich glaubt*].[12]

La respuesta es bien conocida: el "contenido de las representaciones" de los holandeses no es lo que se da a la sensación, sino lo que ha sido conquistado por el genio humano: victoria del espíritu

---

10   Alfredo Brotóns Muñoz suele vertir "*gemein*" como "vulgar", que tiene un tono despectivo; preferimos "ordinario", o "común", que tienen un tono neutro.

11   *Hegel*, 1989, p. 125; *Hegel*, 1970a, p. 222.

12   *Hegel*, 1989, pp. 125-126; *Hegel*, 1970a, p. 222. (El énfasis me pertenece). "[S]emejantes cuadros de género deben ser pequeños y también aparecer en todo su aspecto sensible como algo baladí de lo que nosotros estamos más allá según el objeto y el contenido externos. Sería intolerable ver tales cosas en tamaño natural y, por tanto, con la pretensión de deber poder satisfacernos de manera efectivamente real en su totalidad" (*Hegel*, 1989, p. 127).

contra la tiranía, victoria del espíritu contra la naturaleza.[13] Al representar la naturaleza y las cosas que están ahí, la pintura holandesa *expresa* el espíritu que las ha producido, junto con un sentimiento de *libertad*. Aquello que los holandeses ven en su pintura es la libertad en acción, el esfuerzo, las luchas, las penas, pero, también, el bienestar, la comodidad, "e incluso la arrogancia del sereno ser-ahí cotidiano [*und selbst zum Übermut des heiteren täglichen Daseins*]".[14] No hay, entonces, ninguna "paradoja", ni una "contradicción [que] pueda ser superada"[15]; tampoco hay un "repudio" de "la interpretación que [Hegel] había dado primero de forma espontánea de la pintura holandesa".[16] Lo que hay es una experiencia estética intensa

---

13 "Los holandeses han extraído el contenido de sus representaciones [*Darstellungen*] de sí mismos, de la actualidad de su propia vida, y no puede reprochárseles que, una vez más, hayan realizado efectivamente este presente por medio del arte [...] Para saber en qué consistía el interés de los holandeses de entonces debemos interrogar su historia. El holandés se ha dotado a sí mismo de la mayor parte del suelo en que habita y vive, y se ve precisado a defenderlo y mantenerlo continuamente contra el asalto del mar; los burgueses de las ciudades y los campesinos se sacudieron con coraje, tenacidad y valentía el dominio español de Felipe II, el hijo de Carlos V, aquel poderoso rey del mundo, y con la religión de la libertad obtuvieron, junto con la libertad política, la religiosa. Este civismo y este carácter emprendedor, tanto para lo pequeño como para lo grande, en la propia tierra como en el vasto mar, esta prosperidad solícita y al mismo tiempo pulcra, elegante, el alborozo y la petulancia en la autoestima de que todo esto se debía a su propia actividad, esto es lo que constituye el contenido general de sus cuadros. Pero no son estos temática y contenido comunes [*gemeiner*] a los que quepa acercarse con la presunción del cortesano o los refinamientos de la buena sociedad. En tal sentimiento de vigoroso nacionalismo pintaron Rembrandt su famosa "Ronda nocturna" de Ámsterdam, Van Dyck tantos de sus retratos, Wouwermann sus escenas ecuestres, y aquí han de contarse incluso esos festines, diversiones y placenteras chanzas campestres" (*Hegel*, 1989, p. 126; *Hegel*, 1970a, pp. 222-223). Una tesis fuerte que encontramos en Hegel es que la historia nos ayuda a entender el arte, y el arte nos ayuda a entender la historia.

14 *Hegel*, 1989, p. 438; *Hegel*, 1970b, p. 226.

15 Jacques Darriulat "La terre et les hommes", en Darriulat, Jacques, *La peinture hollandaise au siècle d'or*, 2018.

16 Nicolas Grimaldi, "La peinture hollandaise selon Hegel: le réalisme dans l'art comme déréalisation de la nature", en Grimaldi, Nicolas, *L'art ou la*

–"el encuentro mágico con las obras de arte"[17]– que vive Hegel al contemplar los cuadros de F. Hals, J. Vermeer, y otros maestros, durante sus viajes por Alemania y Holanda,[18] y los efectos producidos en su teoría especulativa asociada con la *valoración moral* de estos. La contemplación de los "pequeños" cuadros holandeses modifica su apreciación del valor intrínseco de la pintura de género. Con "intrínseco" queremos decir *moral*,[19] porque, "[e]s fácil convenir en que en su principio el arte no puede tener como propósito ni lo moral ni su fomento. Pero una cosa es no hacer de lo moral el fin supremo de la representación [*Darstellung*][20], y otra hacerlo de la inmoralidad. De

---

passion feinte. Essais sur l'expérience esthétique, Paris, Presses Universitaires de France, 1983, p. 80.

17   Alain Patrick Olivier, "L'expérience de la peinture et son concept", *Verifiche, Rivista di scienze umana*, XLV (1-2), 2016, p. 155.

18   "La pintura holandesa y alemana antigua, a través de la colección de los hermanos Sulpiz y Melchior Boisserée, primero en Stuttgart, luego en Núremberg y Heidelberg, y de la que, en aquel momento, se contemplaba el traslado a Berlín. También incluye la colección Solly en Berlín. [...] Esta experiencia se amplía durante los viajes por Alemania (por ejemplo, las colecciones de Ferdinand Franz Wallraf en Colonia, de Bettendorf en Aquisgrán) y Holanda (por ejemplo, las visitas a Bruselas, Gante, Brujas y Ámsterdam). [...] La pintura holandesa del siglo XVII, también en la galería de Dresden, siguiendo a Goethe (rehabilitación de la pintura de género y de los paisajes contra el desprecio con el que se la trataba entonces), luego durante el viaje a Holanda, donde Hegel relaciona esta experiencia museística de la pintura con la historia del pueblo holandés en lucha por su libertad política y religiosa" (*Ibid*, pp. 153-154).

19   "Un enfoque crítico o histórico consiste, por tanto, en preguntarse por las experiencias reales que Hegel pudo tener con la pintura de su tiempo, en considerar su teoría como una teorización de estas experiencias (y no como una teoría de la pintura en general), como una forma en la que el filósofo pudo pensar la pintura de su tiempo. En este contexto, también se puede observar cómo nuevos elementos tomados de la experiencia están presentes y modifican la teoría en el último curso, por qué esta teoría evoluciona, qué la hace evolucionar, cómo se relacionan los elementos teóricos sistemáticos y los extraídos de la experiencia" (*Ibid*, p. 153). Olivier presenta la teoría de la pintura de Hegel a partir del curso de estética durante el semestre 1828-1829, apoyándose en la transcripción del cuaderno inédito de Adolf Heimann.

20   En su "Nota del traductor", Alfredo Brotóns Muñoz escribe: "*Vorstellung* se vierte como «representación*», con el significado de representación men-

toda auténtica obra de arte puede extraerse una moral buena, pero, por supuesto, depende de la interpretación y de *quién* deduzca la moral".[21] Lejos de ignorar "el interés moral", como lo sostiene Fromentin, al pintar cosas muy ordinarias y comunes la pintura holandesa del siglo XVII representa virtudes extraordinarias.

> [E]n las cantinas de los holandeses, en bodas y bailes, comiendo y bebiendo, aunque se produzcan altercados y golpes, sólo hay alegría y placer [*froh und lustig*], y también hay mujeres y muchachas, y todo y todos están penetrados por un sentimiento de libertad y desenfreno [*das Gefühl der Freiheit und Ausgelassenheit*]. Esta jovialidad espiritual de un goce lícito [*Diese geistige Heiterkeit eines berechtigten Genusses*], que cabe hasta en las obras en que aparecen animales y se revela como saciedad y placer, estas frescas, briosas libertad y vitalidad, espirituales en la aprehensión y en la representación [*Darstellung*], constituyen el alma superior de tales cuadros.[22]

Y al final del largo capítulo sobre la pintura, "La pintura holandesa y neerlandesa", de sus *Lecciones sobre la estética*, Hegel escribe:

> [C]uando de lo insignificante y contingente pasa a lo rústico, a la naturaleza tosca y común [*gemeine*], estas escenas aparecen tan completamente impregnadas de un júbilo y una alegría ingenuos [*von einer unbefangenen Froheit und Lustigkeit*], que lo que constituye el objeto y el contenido propiamente dichos no es lo vulgar [*daß nicht das Gemeine*], que sólo es ordinario [*gemein*)] y canallesco, sino este júbilo y esta ingenuidad [*diese Froheit und Unbefangenheit*]. No vemos, por consiguiente, ante nosotros sentimientos y pasiones ordinarias [*gemeinen*], sino lo rústico y vecino a la naturaleza en los estamentos inferiores, que es alegre, malicioso y cómico [*das froh, schalkhaft, komisch ist*]. En este despreocupado abandono de sí reside aquí el momento

---

tal, subjetiva, interior…; *Darstellung* se vierte como «representación**»», con el significado de representación fáctica, objetiva, exterior…" (*Hegel*, 1989, p. 5).

21   *Hegel*, 1989, pp. 41-42.
22   *Hegel*, 1989, p. 126; *Hegel*, 1970a, p. 223.

ideal: es el domingo de la vida que todo lo iguala y aleja toda maldad [*es ist der Sonntag des Lebens, der alles gleichmacht und alle Schlechtigkeit entfernt*]; hombres de todo corazón bienhumorados que no pueden ser del todo malos y despreciables [...] Una jovialidad y comicidad tales forman parte del inestimable valor de estos cuadros [*Solch eine Heiterkeit und Komik gehört zum unschätzbaren Wert dieser Gemälde*].[23]

En la Segunda parte, tercera sección, capítulo tres, "La subjetiva imitación de lo dado", Hegel vuelve sobre la pregunta acerca de por qué la pintura de los holandeses tardíos es "digna de admiración [*Bewunderungswürdigste*]". Aduce varias razones: a) "el hecho de que deben procurarse con duras luchas y penoso celo lo que a otros pueblos la naturaleza les ofrece inmediatamente"; b) los holandeses eran protestantes, "y únicamente el protestantismo consigue anidar enteramente en la prosa de la vida y hacerla completamente para sí, independientemente de referencias religiosas, y desarrollarse en ilimitada libertad [*unbeschränkter Freiheit*]"; c) "el arte de pintar y del pintor es lo que debe deleitarnos y arrebatarnos. [...] Y de hecho, cuando se quiera saber qué es pintar, debe contemplarse estos cuadritos [*Bildchen*] para decir de este o de aquel pintor: éste sabe pintar [*Der kann malen*]".[24]

Por tanto, tampoco le importa en absoluto al artista en su producción darnos mediante la obra de arte una representación [*Vorstellung*] del objeto que nos presenta. [...] Lo que debe atraernos no es el contenido y su realidad, sino la apariencia [*Schein*] enteramente carente de interés respecto al objeto [*sondern das in Rücksicht auf den Gegenstand ganz interesselose Scheinen*]. Lo bello, por así decir, fija la apariencia [*das Scheinen*] como tal para sí, y el arte es maestría en la representación [*Darstellung*] de todos los secretos de la apariencia de los fenómenos externos que se profundiza en sí [...] [captar] lo sumamente pasajero y efímero, y hacerlo duradero para la intuición en su

---

23   *Hegel*, 1989, p. 643; *Hegel*, 1970b, pp. 129-130.
24   *Hegel*, 1989, p. 438; *Hegel*, 1970b, pp. 226-226.

más plena vitalidad, es la difícil tarea de esta fase artística. Si el arte clásico configura en su ideal sólo lo sustancial, aquí se nos aherroja y lleva a la intuición la naturaleza cambiante en sus huidizas exteriorizaciones, una corriente de agua, una cascada, espumeantes olas marinas, una naturaleza muerta con el contingente fulgor de los vasos, de los platos, etc., la figura externa de la realidad efectiva espiritual en las más particulares situaciones, una mujer que enhebra una aguja ante la luz, una emboscada de ladrones en un movimiento casual, lo más instantáneo de un ademán que rápidamente vuelve a encogerse, la risa y el sarcasmo de un campesino, en lo que son maestros Ostade, Teniers y Steen. Es un triunfo del arte sobre la caducidad en el que lo sustancial se ve, por así decirlo, engañado respecto a su poder sobre lo contingente y lo fugaz [*Es ist ein Triumph der Kunst über die Vergänglichkeit, in welchem das Substantielle gleichsam betrogen wird um seine Macht über das Zufällige und Flüchtige*].[25] [IMAGEN 6][26]

---

25 *Hegel*, 1989, pp. 438-439; *Hegel*, 1970b, pp. 226-227.

26 Notemos las influencias de otros artistas y de otras tradiciones en este tema muy popular de la vida de los campesinos en los siglos XVI y XVII: véase, por ejemplo, Pieter Brueghel el Viejo (1525/1530-1569), *The peasant dance,* 1568, óleo sobre roble de 114 cm x 164 cm, Kunsthistorisches Museum, Viena, y David Vinckboons (1576-antes de 1633), *Kermis, ca.* 1605, óleo sobre tabla de 52 cm x 91.5 cm, Gemäldegalerie Alte Meister, Staatliche Kunstammlungen, Dresden. "Tradicionalmente se ha argumentado que el propósito principal de este tipo de pintura era didáctico, es decir, amonestar a los espectadores cosmopolitas acerca del vicio de una forma amable e inofensiva, al ilustrar a los campesinos, cuyos comportamientos graciosos eran atractivos para sus actitudes prejuiciadas. [...] Tal vez sea necesaria una lectura más matizada de estas imágenes. La naturaleza convencional de estas representaciones da fe de su estatus en tanto creaciones de la vida campesina que ilustran caricaturas no problemáticas de los pobres rurales, fabricadas para el consumo urbano. Esencialmente, estas imágenes reflejan más bien los sesgos de la clase alta que costumbres y condiciones de vida genuinas. [...] En otras palabras, *los asuntos de moralidad reposan no tanto sobre conceptos de pecado y condena, sino más bien sobre la ética secular de las élites urbanas*: estos cuadros representaban los comportamientos presuntamente burdos del populacho a los cuales los espectadores refinados se consideraban invulnerables" (Wayne Franits, *Dutch seventeenth-century Genre Painting*, New Haven and London, Yale University Press, 2008, pp. 54-55. El énfasis me pertenece).

La pintura holandesa es un arte de imitación, pero la imitación no se reduce nunca a una mera copia de lo real, sino que trata de extraer la esencia de las cosas al ir más allá de su presentación ordinaria.[27] Lo que es *visible* en esta pintura no es su objeto mismo, sino la *apariencia* de las cosas ordinarias, lo que está en su superficie y en su fugacidad. La pintura holandesa no busca representar un objeto ejemplar o caracterizado, una suerte de exterioridad platónica que le preexiste, sino producir una naturaleza recreada por la *subjetividad* y la *interioridad*, "triunfo del arte sobre lo contingente y lo fugaz": ella hace de la apariencia una esencia.

> La auténtica realidad efectiva solo se hallará más allá de la inmediatez del sentir y de los objetos exteriores [...] El arte le quita la apariencia y la ilusión de este mundo malo, efímero, a aquel contenido verdadero de los fenómenos, y les da a estos una realidad efectiva superior, hija del espíritu. Muy lejos de ser mera apariencia, a los fenómenos del arte ha de atribuírseles, frente a la realidad efectiva ordinaria, la realidad superior y el ser-ahí más verdadero.[28]

---

27 "El fin del arte debe hallarse en algo distinto a la mera imitación formal de lo dado [...]" (*Hegel*, 1989, p. 37).

28 *Hegel*, 1989, p. 12. "El contenido [*sc.* de lo que en estos cuadros se nos ofrece a la vista] puede ser enteramente indiferente [*ganz gleichgültig*] o, aparte de la representación [*Darstellung*] artística, interesarnos sólo incidentalmente, digamos momentáneamente, en la vida ordinaria. De este modo ha sabido, por ejemplo, la pintura holandesa transmutar en miles y miles de efectos las fugaces apariencias dadas de la naturaleza como de nuevo engendradas por el hombre [*als vom Menschen neu erzeugte*]. [...] Pero lo que de semejante contenido nos atrae cuando el arte nos lo ofrece es precisamente este parecer y aparecer de los objetos como producidos por el *espíritu* [*durch den Geist produziert*], el cual transforma en lo más interno lo externo y sensible y toda la materialidad. Pues en vez de lana y seda existentes, en vez del cabello, el vaso, la carne y el metal efectivamente reales, vemos meros colores: en vez de las dimensiones totales de que ha menester lo natural para su manifestación, tenemos una mera superficie y, sin embargo, la misma visión que da lo efectivamente real. Por eso, frente a la prosaica realidad dada, esta apariencia producida por el espíritu [*durch den Geist produzierte Schein*] es el milagro de la idealidad, una burla si se quiere, y una ironía sobre el exterior ser-ahí natural" (*Hegel*, 1989, pp. 121-122: *Hegel*, 1970a, pp. 214-215).

Lo que Fromentin llama la "ausencia" de un tema [*sujet*] en el arte holandés no tiene que ver con la interpretación de la pintura neerlandesa de Hegel, sino con "su visión de esta pintura como una transcripción esencialmente sin tema [*as essentially subjectless transcription*], como el arte por el arte"[29], es decir, con una transcripción ajena a cualquier consideración moral, emocional o intelectual –"¿Qué razón tiene un pintor holandés para hacer un cuadro? Ninguna; y noten que nunca se le pregunta".[30] Tiene que ver con la concepción dominante del *realismo* de la "escuela holandesa" en el siglo XIX y de sus pintores que "tienen la reputación de ser, la mayoría de ellos, unos copistas de vistas cortas [*des peintres réputés pour la plupart des copistes à vues courtes*]".[31]

> [S]e advirtió rápidamente que la pintura holandesa era y solo podía ser el retrato de Holanda, su imagen externa, fiel, exacta, completa, parecida, sin ningún adorno. El retrato de hombres y lugares, costumbres burguesas, plazas, calles, campo, mar y cielo. Tal debía ser, reducido a sus elementos primitivos, el

---

29 Mariët Westermann, "Taking Dutch Art Seriously: Now and Next?", *Studies in the History of Art*, vol. 74, 2009, p. 260. La expresión "*l'art pour l'art*" se encuentra por primera vez en el *Diario íntimo* de B. Constant, en la entrada del 20 de febrero de 1804: "El arte por el arte, sin fin, porque todo desnaturaliza el arte. Pero el arte alcanza el fin que no tiene [*L'art pour l'art, sans but, car tout dénature l'art. Mais l'art atteint au but qu'il n'a pas*]" (Benjamin Constant, *Journal intime et lettres à sa famille et à ses amis précédés d'une introduction par D. Melegari*, Paris, Paul Ollendorff, Éditeur, 1895. p. 7). "[L]a frase *l'art pour l'art* se utilizó en 1804 como sinónimo del concepto estético de desinterés, que Kant había expresado como «finalidad sin propósito». [...] A mediados de siglo alcanzó su madurez como la doctrina estética básica de muchos artistas creativos. Desde el principio de su introducción todo el pensamiento esencialmente kantiano se había perdido" (John Wilcox, "The Beginnings of l'Art pour l'Art", *The Journal of Aesthetics and Art Criticism*, vol. 11, núm. 4, 1953, p. 377). Acerca de la "finalidad sin fin" y del "desinterés", véase Immanuel Kant, *Crítica de la facultad de juzgar*, traducción, introducción, notas e índices por Pablo Oyarzún, Caracas, Monte Ávila Editores, 1992, pp. 122-128 (§ 2, 3, 4 y 5) y 136 ("Analítica de lo bello", § 10 –"la conformidad al fin puede ser, por tanto, sin fin").

30 Eugène Fromentin, *Les maîtres d'autrefois*, pp. 204-205.

31 *Ibid.*, p. 179.

programa seguido por la escuela holandesa, y así fue desde el primer día hasta su declive.[32]

Si bien Fromentin no comparte del todo esta apreciación, esta muestra la ambigüedad de un realismo que es, a la vez, pero no siempre al mismo tiempo, la cuestión de *lo que* está representado, y la cuestión *del modo cómo* un objeto o una escena están representados. Esta ambigüedad explica también por qué Fromentin afirma que la pintura holandesa del siglo XVII "[s]e contentó con mirar a su alrededor y prescindió de la imaginación"[33], y por qué se contradice: "Quien dice una obra de arte, sobre todo un cuadro de Rembrandt, dice una obra no mentirosa, sino imaginada, que nunca es la verdad exacta, que tampoco es su contrario, pero que en todos los casos está separada de las realidades de la vida exterior por las verosimilitudes más o menos profundamente calculadas [*les à peu près profondément calculés des vraisemblances*]".[34]

2. La representación de la guerra

Fromentin se equivoca cuando afirma que "[l]a historia antigua, se la ha olvidado, la historia contemporánea también, y este es el

---

32 *Ibid.*, p. 173.

33 *Ibid.*, p. 193.

34 *Ibid*, p. 327. Reconocemos la influencia de Taine, quien afirma que, en Holanda, "el ideal [...] es estrecho". El artista holandés "no se parece a nuestros pintores. [...] es más ingenuo; [...] comparado con nosotros es un artesano"; "[E]staríamos bien y a gusto en su cuadro. Vemos que no imagina más allá" (Hyppolite Taine, *Philosophie de l'art dans les Pays-Bas*, pp. 160-162). Taine anota que "El ambiente en el que floreció el arte [holandés] no exigía ni grandes perspectivas ni gran imaginación. [...] [Los artistas holandeses] invistieron a la vida con poca fantasía pero con mucho misterio, que de hecho lo tiene [...]" (*Ibid*, pp. 81-83). Sin embargo, escribe: "Rembrandt siempre trató de representar una vida diferente a la que se vivía en la burguesa República Holandesa. Así, en el *Retrato de Saskia*, el *Pintor y su esposa, Hendrickje Stoffels*, vistió a sus allegados con grandes galas, no para mostrarlos como eran, sino simplemente para crear grandes cuadros. Los collares y las cadenas de oro, los sombreros de plumas, los cabellos sueltos, el color, todo ello no eran signos de la época, sino pura fantasía templada con elementos históricos y extranjeros, una huida del presente hacia el mundo magníficamente bello y espléndidamente noble de la imaginación" (*Ibid*, pp. 88-89).

fenómeno más singular"[35], porque "al sorprender e inmovilizar una apariencia del presente, es una larga y vehemente historia a la que resucita y hace comparecer. En la imagen de un instante, evidencia el tiempo [*elle donne à voir le temps*]".[36] Ni siquiera "la arrogancia del sereno ser-ahí cotidiano" logra silenciar el retumbar de los cañones durante todo el Siglo de Oro holandés:

> Si pensamos en los acontecimientos de la historia de Holanda en el siglo XVII, en la gravedad de los hechos militares, en la energía de este pueblo de soldados y marineros, en las luchas, en lo que sufrieron; si imaginamos el espectáculo que el país podía ofrecer en aquellos tiempos terribles, nos sorprende bastante ver que la pintura pierde hasta tal punto el interés en lo que era la vida misma del pueblo. […] Hay una guerra permanente con España, con Inglaterra, con Luis XIV; Holanda es invadida y se defiende como sabemos; la paz de Münster se firma en 1648, la de Nijmegen en 1678, la de Ryswyk en 1698. La Guerra de Sucesión Española se abre con el nuevo siglo, y puede decirse que todos los pintores de la gran y pacífica escuela de la que le hablo murieron sin haber dejado de escuchar el cañón casi un solo día […] Por lo tanto, la historia ha dejado su huella en vano, o para tan poco que no es nada, en la pintura de estos tiempos turbulentos, y no parece haber turbado las mentes de estos pintores ni un solo minuto.[37]

Por cierto, es en el autor de *Los maestros de antaño* que la historia contemporánea no parece haber dejado su huella, la de los impactos de las balas que él mismo podía observar en el Muro de los Federados [*Mur des fédérés*] del cementerio *Père-Lachaise* donde, al final de la llamada Semana Sangrienta, fueron fusilados, el 28 de mayo de 1871, ciento cuarenta y siete combatientes de la Comuna de París, y que aún vivía en los recuerdos de la brutal represión en la que decenas de miles de hombres y mujeres fueron ejecutados, encarcelados y

35 Eugène Fromentin, *Les maîtres d'autrefois*, p. 193.
36 Nicolas Grimaldi, "La peinture hollandaise selon Hegel: le réalisme dans l'art comme déréalisation de la nature", p. 92.
37 Eugène Fromentin, *op. cit.*, pp. 194-199.

deportados, por el hecho de luchar contra la exclusión social.[38] Considera Fromentin que, con excepción de la *La paz de Münster*, de G. Ter Broch (1617-1671) –1648–, óleo sobre lienzo de 70 cm x 60 cm, Rijksmuseum, Ámsterdam, o de algunas escenas de guerras marítimas como las que pintó Lingelbach –"un triste pintor"[39]–, "Los grandes [*sc*. maestros] apenas trataban estos temas. E incluso, […], ninguno parecía tener capacidad para tratarlos".[40] Para Fromentin sólo valen las pinturas que tienen un "título" y un "tema [*sujet*]"[41] porque permiten identificar los hechos de armas, es decir, conocer la causa, el momento, el teatro de guerra y las partes en contienda.[42] De más está decir que Fromentin no encuentra en Holanda una pintura al estilo del romanticismo francés del siglo XIX que, como *La libertad guiando al pueblo* de E. Delacroix, un óleo sobre tela de 260 cm x 325 cm, representa un determinado teatro de guerra, la Revolución francesa de julio de 1830, en un momento específico, el 28 de julio: tema, causa, momento, teatro de guerra y partes en contienda. Influenciado por el gusto de su época, Fromentin no entiende que los "grandes maestros" holandeses sí trataron los temas contemporáneos relacionados con la guerra, y sí tuvieron la capacidad de tratarlos, sólo que *de otra manera*. *El mensajero*, conocido como *La desagradable noticia*, de Gerard ter Borch, ilustra esa *otra manera* de representar pictóricamente la imaginería bélica de la "Edad de oro" holandesa a la que Pepijn Brandon ha llamado acertadamente "una era de hierro, suciedad y sangre".[43] [IMAGEN 7]

---

38   Véase Prosper-Olivier Lissagaray, *Histoire de la Commune de 1871*, Paris, Librairie Dentu, 1896 y John Merriman, *Masacre. Vida y muerte en la Comuna de París de 1871*, Madrid, Siglo XXI de España Editores, 2017. El silencio de Fromentin contrasta con el intenso activismo republicano de Gustave Courbet (1819-1877), en especial con su protagonismo en la destrucción de la columna *Vendôme*, de la cual quedan fotografías (John Merriman, *op. cit.*, pp. 198-199).

39   Eugène Fromentin, *op. cit.*, p. 194.

40   *Ibid*.

41   *Ibid*, p. 201.

42   *Ibid*, p. 198.

43   Pepijn Brandon, "The Armed Forces", en Helmer J. Helmers, & Geert

Esta pintura, realizada en 1663, es sintomática del *estado de movilización permanente* de los holandeses en el siglo XVII. Vemos a un soldado, seguramente un oficial, que recibe una carta de un mensajero. La expresión de su rostro, a la vez de desconcierto y de preocupación, anuncia que anticipa una mala noticia, la orden de reunirse con sus tropas, tal vez, y de regresar a la guerra que lo alejará de la joven amorosamente recostada contra su pierna izquierda y a quien que abraza.[44] *La desagradable noticia* es sintomática porque se dirige al corazón de un pueblo que comparte en buena medida una misma sensibilidad, un mismo imaginario, y una misma realidad: la guerra.[45]

La República Holandesa nació de una insurrección a finales del siglo XVI. El levantamiento contra Felipe II se dio en respuesta a una serie de factores interrelacionados, entre ellos, la imposición del rey español de fuertes impuestos para financiar sus aventuras militares; sus intentos de integrar la región a sus otros dominios y, en relación con esto, su presunta violación de los privilegios regionales tradicionales; y, aun más explosivo, el intento de este monarca militantemente católico de erradicar en aquel territorio la nueva fe protestante en forma de calvinismo incipiente. La paz de Westfalia,

---

H. Janssen, (eds.), *The Cambridge Companion to the Dutch Golden Age*, Cambridge, Cambridge University Press, 2018, p. 74.

44 Véase Wayne Franits, *Dutch seventeenth-century Genre Painting*, pp. 242-243.

45 "Por muy amante de la paz que era la República, nadie podría calificarla de pacifista –cuando las negociaciones pacíficas y la reconciliación fracasaron, los holandeses nunca se arredraron ante el conflicto armado" (Johan H. Huizinga, *Dutch Civilization in the Seventeenth Century: and other essays*, p. 32). "Una de las obras a través de las cuales se expresa una visión más pormenorizada de los desastres de la guerra curiosamente no tiene un tema explícitamente bélico. Se trata del *Triunfo de la muerte* de Pieter Brueghel el Viejo, un cuadro de hacia 1560 que pertenece al Museo del Prado" (Javier Portús, "Miserias de la guerra: de Brueghel a Velázquez", en García García, Bernardo J. (ed.), *La imagen de la guerra en el arte de los antiguos Países Bajos*, Madrid, Editorial Complutense, Fundación Carlos de Amberes, 2006, p. 13). Con todo, como escribe A. Pérez-Reverte, "Lo que hizo Brueghel fue pintar la última batalla. [...] Todos aquellos esqueletos como ejércitos y los incendios a lo lejos. Ejecuciones incluidas" (*El pintor de batallas*, Bogotá, Alfaguara, 2006, p. 70).

firmada el 24 de octubre de 1648, pone fin a la guerra de los ochenta años, pero antes del ocaso de la Edad de Oro, hacia las dos primeras décadas del siglo XVIII, la República holandesa libra otras muchas guerras, principalmente contra Inglaterra y Francia. En el momento de su máximo alcance geográfico, el imperio colonial[46] de la Siete Provincias Unidas desde 1579 –Frisia, Groninda, Güeldes, Holanda, Overijssel, Utrecht y Zelanda– se extiende desde los asentamientos en Norte América y en el nordeste de Brasil, desde las fortalezas levantadas a lo largo de la costa de África occidental y el asentamiento de Cabo de Buena Esperanza, hasta la extensa y compleja red comercial en el Océano Índico. La *Compañía holandesa de las Indias Orientales* (VOC), creada en 1602, domina el comercio en Málaca, Malasia, Batavia (hoy Yakarta), Macasar, y entabla relaciones comerciales con China y Japón. Establece factorías en la India, Ceilán (el actual Sri Lanka), Cochinchina y el archipiélago indonesio. La *Compañía holandesa de las Indias Occidentales* (WIC), creada en 1621, funda "Nueva Ámsterdam" (hoy Nueva York) y la "Nueva Holanda" en el noreste de Brasil, donde controla, además de Surinam, la línea costera desde Río Grande del Norte hasta el Cabo de Santo Agostinho de Pernambuco, la zona más grande de producción de azúcar en el mundo, y ocupa seis islas caribeñas, Aruba, Curazao, Bonaire, San Eustaquio, Saba y la mitad de San Martín. La WIC también toma el control de Elmina y la isla de Gorea en la costa occidental de África –tristemente conocida como la Costa de los esclavos– que le permite dominar el comercio transatlántico de esclavos[47], y establece en el Cabo de Buena Esperanza un puesto de aprovisionamiento para los barcos en ruta hacia las Indias. ¿Cómo pudo un país tan pequeño

---

46   Véase Jonathan I. Israel, *The Dutch Republic. Its Rise, Greatness, and Fall 1477-1806*, Oxford, Clarendon Press, 1998, pp. 935-956 y Michiel Van Groesen, "Global Trade", en Helmer J. Helmers, & Geert H. Janssen, (eds.), *The Cambridge Companion to the Dutch Golden Age*, Cambridge, Cambridge University Press, 2018, pp. 166-185.

47   "Al final, los holandeses transportaron alrededor de 600.000 hombres y mujeres esclavizados a plantaciones a través del Océano Atlántico" (Michiel Van Groesen, *op. cit.*, p. 173).

(con apenas dos millones de habitantes cuando termina el siglo XVII, pero hasta el 10 por ciento de su población activa empleada en alguna forma de trabajo militar o en tareas subsidiarias[48]), cómo pudo la joven República convertirse en un superestado imperialista y agresivo?[49] La guerra y el comercio, aquel moderno nudo gordiano, temible y enrevesado, son la respuesta.

> "La guerra fue uno de los factores determinantes del éxito holandés en el siglo XVII. [...] la manera como los holandeses organizaron sus fuerzas armadas, aunque costosa para la sociedad, permitió que aquellos con riqueza y poder se beneficiaran sustancialmente, tanto de las formas en que el ejército y la marina se utilizaron, como de su mantenimiento".[50]

48 Pepijn Brandon, *op. cit.*, p. 85.

49 "En dos o tres generaciones, la República había pasado de ser una confederación maltrecha y asediada de ciudades y provincias a un imperio global de prosperidad y poder aparentemente ilimitados. [...] El Estado holandés obtuvo su poder del federalismo cuando la centralización absolutista era la norma. Su población se había triplicado de 1550 a 1650, cuando en la mayoría de los demás se había estancado o había disminuido bajo la embestida de la peste y las guerras civiles y extranjeras. Aquello que los contemporáneos llamaban el "comercio madre" –el grano del Báltico– había abastecido a sus abarrotadas ciudades con una regularidad confiable, mientras que otros centros urbanos de Europa habían sufrido precios altos y suministros intermitentes. Las flotas holandesas surcaban la superficie del mundo conocido, y sus navegantes extendían sin descanso los límites de ese conocimiento en las antípodas [...] La República había acumulado capital y lo había circulado a tasas del tres por ciento cuando era un axioma mercantilista que solo tasas altas podían preservar una cantidad suficiente de dinero. Lo más importante de todo, allí donde otros estados –Francia, Gran Bretaña, España, Alemania– se habían debilitado por las conmociones domésticas, la política holandesa había demostrado ser notablemente resistente al estrés, eficaz en la administración e ingeniosa a la hora de mantener el consenso mínimo necesario para contener la discordia dentro de los límites de la guerra civil" (Simon Schama, *The Embarrassment of the Riches. An interpretation of Dutch Culture in the Golden Age*, New York, Vintage Books, 1997, pp. 223-224).

50 Pepijn Brandon, *op. cit.*, p. 69. "Los costos sociales y humanos de las operaciones del ejército holandés, la marina y las compañías fletadas fueron considerables. Sin embargo, para quienes estaban al mando de la sociedad holandesa, la forma particular de organización del Estado y de sus fuerzas armadas ofrecía también mucho espacio para el beneficio privado. Los Es-

¿Cómo mantener a los holandeses en un estado de movilización permanente? ¿Cómo hacer que la guerra –"una característica permanente de la vida en la Edad de Oro holandesa"[51]– fuera aceptada o, al menos, tolerada, por el conjunto de la sociedad, no solamente por las élites urbanas de las Provincias del Norte, que la favorecían para proteger sus intereses comerciales y aumentar sus ganancias, porque "la Edad de Oro estaba lejos de ser dorada para todos"?[52]

> [D]ado que la guerra había que pagarla, también había que persuadir a los contribuyentes de la República de sus méritos. Para financiar las guerras, los holandeses pagaron impuestos mucho más altos que en la época de los Habsburgos y tuvieron que asumir una enorme deuda pública. Su disposición a hacerlo se sustentaba, en parte, en unos salarios relativamente altos y en el hecho de que la mayoría de los impuestos eran indirectos y, por lo tanto, se incluían en el coste previsto de la vida. Además, había también muchos pequeños inversionistas en la deuda pública. Sin embargo, la urgencia de financiar la guerra también se mantuvo gracias a un flujo constante de recordatorios en

---

tados Generales tenían una preferencia estructural por los acuerdos en los que los inversionistas privados participaban directamente en la fabricación de armas, el suministro del ejército y la armada, la concesión de préstamos a corto plazo para el pago de las tropas y la realización de otras tareas logísticas claves. Empleó sin reparos al ejército y a la armada para asegurar los intereses comerciales holandeses. Esta combinación hizo de la guerra un instrumento y un campo importante para la acumulación del capital, estrechamente conectado con las otras ramas principales de la economía" (Pepijn Brandon, *op. cit.*, pp. 84-85).

51   Pepijn Brandon, *op. cit.*, p. 84.

52   Maarten Prak, *The Dutch Republic in the Seventeenth Century. The Golden Age*, Cambridge, Cambridge University Press, 2009, p. 150. "El vigoroso crecimiento económico trajo consigo un enorme aumento de la prosperidad, aunque no en todos los niveles de la sociedad, porque había un gran número de personas que nunca compartieron la nueva riqueza de la República" (*Ibid*, p. 124). Por un lado, la guerra tuvo un impacto indirecto en la economía de las provincias septentrionales, porque desde el final de la década del s. XVI, estas se libraron de los rigores del conflicto armado en su suelo. Por otro lado, las guerras de la República holandesa no buscaban, al menos en Europa, ampliar su territorio, sino garantizar su derecho a comerciar libremente, derecho al que se oponían Francia, Inglaterra y Suecia.

la esfera pública de que las guerras en las que participaban los holandeses eran necesarias, urgentes, justas y gloriosas. Estos recordatorios estaban dirigidos a las poblaciones que pagaban impuestos en las siete provincias, especialmente en Holanda.[53]

La respuesta a sendas preguntas está en la *retórica*, en el arte de "persuadir".

La guerra era central para la autoimagen holandesa, pero los holandeses no se veían a sí mismos como belicosos, sino todo lo contrario. La historia temprana de la revuelta contra España fue reescrita como una historia de victimización [*victimhood*] y valor cívico contra enemigos extranjeros, y así creó un poderoso mito fundacional [*a powerful founding myth*] para el nuevo Estado.[54]

La República produjo una narrativa que reinterpretaba los recuerdos de la terrible y desigual lucha civil y religiosa entre los vulnerables

---

53   Judith Pollmann, "The Cult and Memory of War and Violence", en Helmer J. Helmers, & Geert H. Janssen, (eds.), *The Cambridge Companion to the Dutch Golden Age*, Cambridge, Cambridge University Press, 2018, p. 88.

54   *Ibid*, pp. 103-104. "Desde sus orígenes a mediados del siglo XVI, la revuelta de los Países Bajos y su escalada militar se convirtió también en un conflicto de panfletos e imágenes propagandísticas que pretendían movilizar a las masas para crear un determinado estado de opinión o para conformar una ideología favorable o contraria de la rebelión. Puede decirse que nos hallamos en los albores del periodismo de guerra y sucesos, de la aparición de lo que podríamos considerar como la «opinión pública», al menos en la que era sin duda una de las regiones más urbanizadas de Europa. Este fenómeno, al igual que la propagación de la Reforma protestante, no podrían concebirse sin el desarrollo creciente de la imprenta y sin la extraordinaria capacidad productiva de los grabadores radicados en los Países Bajos y en otros territorios de su entorno como Francia, Alemania, Inglaterra o el norte de Italia" (Bernardo J. García García (ed.), *La imagen de la guerra en el arte de los antiguos Países Bajos*, Madrid, Editorial Complutense, Fundación Carlos de Amberes, 2006, XVII). García García ofrece "una aproximación al estudio de las relaciones impresas de temática bélica generadas sobre la prosecución de la guerra de Flandes en el siglo XVII entre el término de la Tregua de los Doce Años (1621) y la firma de las Paces de Westfalia en 1648" (Bernardo J. García García, "Las guerras de Flandes en la prensa. Crónica, propaganda y literatura de consumo", en García García Bernardo J. (ed.), *La imagen de la guerra en el arte de los antiguos Países Bajos*, p. 247).

holandeses y un enemigo mucho más poderoso.[55] Historias, ficciones y memorias de guerra, en libros, impresos, obras de teatro, pinturas, vitrales, sermones y canciones, avivaban intensamente las masacres de hombres, mujeres y ancianos, las violaciones, los saqueos y las destrucciones de ciudades y campos realizados por los españoles durante los años 1560 y 1570[56].

> [E]sta retórica también permitió a los holandeses verse en el papel de "liberadores" de otras víctimas de los españoles. [...] pero también prolongó la guerra misma, porque cada vez que las negociaciones de paz estaban en juego en las décadas de 1630 y 1640, episodios descontextualizados del pasado se utilizaban como evidencia que militaba contra la paz en el presente.[57]

Poco, en cambio, se decía acerca de la brutalidad y crueldad de las tropas holandesas en Europa o en su imperio colonial –como el genocidio contra la población de las islas de Banda cometido, en

---

55   En Norte América circulaba "la narrativa de la 'Leyenda Negra' de las cruel-dades españolas contra los 'inocentes' americanos" (Michiel Van Groesen, *op. cit.*, p. 173). Acerca de la "leyenda negra española", véase Guillermo Polvorinos Guillot, *La guerra de Flandes: propaganda y leyenda negra española*, tesis de grado en historia, Santander, Universidad de Cantabria; Facultad de filosofía y letras, 2019.

56   Franz Hogenberg (1535-1590), grabador a buril y aguafuerte, realizó una serie de estampas que representan con lujos de detalles macabros la deno-minada "furia española" en Amberes en 1576 por los tercios españoles de Flandes –como *Huida de la población de Amberes*, *El incendio del ayunta-miento* y *Masacre en las calles*: véase Real Academia Española (colección Rodríguez Moñino, 1634), perteneciente a la serie de *Sucesos de España*. Véase, también, Javier Portús, *op. cit.*, pp. 16-24, y *La masacre de los ino-centes* de Pieter Brueghel el Viejo, 1565-1567, óleo sobre tabla, 109 cm x 158 cm, Royal Collection, Windsor Castle; años después, su hijo Pieter Brueghel el Joven realizó una copia en la que aparece el duque de Alba (Guillermo Polvorinos Guillot, *op. cit.*, p. 32).

57   Judith Pollmann, *op, cit.*, pp. 92-93. "[L]os principios de la retórica an-tigua ocupaban un lugar central en la articulación de la cultura visual de cada tipo y clase de imagen en cuestión, definiendo, en otras palabras, su género" (Joost Vander Auwera, "La guerra y su representación en el arte durante el Antiguo Régimen. El caso de la guerra de los Ochenta Años (1568-1618-1648)", en García García, Bernardo J. (ed.), *La imagen de la guerra en el arte de los antiguos Países Bajos*, p. 44).

1621, por el recién nombrado gobernador de la VOC, Jan Pieterzoon Coen–, ni del inhumano comercio de esclavos. Como anota Pollmann, "Era poco frecuente que alguien en la República preguntara públicamente cuán violento era el precio que los holandeses tenían derecho a exigir por vivir en una Edad de Oro".[58]

Una de las pinturas de género que mejor ilustra el síntoma al que nos referimos es el cuadro de Carel Fabritius (1622-1654), cuyo centinela parece montar guardia frente a la entrada de una ciudad –por cierto, no muy bien, pues parece dormido– contra eventuales invasores. [IMAGEN 8]

Varios "grandes maestros" pintaron cuadros que representan escenas de la vida cotidiana relacionadas con la guerra. Abundan las pinturas de género que retratan a soldados en un entorno urbano y doméstico, como, por ejemplo, este otro cuadro de ter Broch *Officer Writing a Letter, with a Trumpeter* (ca. 1658-1659), óleo sobre tela de 56,5 cm x 43,8 cm, Philadelphia Museum of Art,[59] en el que un oficial escribe una carta, probablemente de amor –por el as de corazones tirado en el piso–, mientras espera a un trompeta ricamente ataviado; el de Peter de Hooch, *Woman drinking with soldiers* (1658), óleo sobre tela de 69 cm x 60 cm, Musée du Louvre, Paris; el de Johannes Vermeer (1632-1675), *Officer with a Laughing Girl* (ca 1657-1659), óleo sobre tela de 50,5 cm x 46 cm, The Frick Collection, New York, o el de Gabriël Metsu (1629-1667), *A Soldier Paying a Visit to a Young Lady* (ca. 1650-1675), óleo sobre tabla de 6,5 cm x 47,5 cm, Musée du Louvre, Paris, y muchos otros.[60]

---

58   Judith Pollmann, *op. cit.*, p. 103.

59   "A diferencia de muchos pintores holandeses que representaban a soldados, ter Borch estaba familiarizado con ellos por experiencia personal. Su lugar de nacimiento, Zwolle, y Deventer, donde se estableció como adulto, albergaba guarniciones porque estaban situadas a lo largo de las líneas estratégicas de defensa establecidas durante la guerra con los españoles" (Wayne Franits, *Dutch seventeenth-century Genre Painting,* pp. 102-103).

60   Por ejemplo, Willem Cornelisz Duyster, *Soldiers Beside a Fireplace or Card-Playing Soldiers* (*ca.* 1632), óleo sobre tabla de 42 cm x 47 cm, Museo de Arte de Filadelfia; Gerrit Dou, *Officer of the Marksman Society in Leiden* (*ca.* 1630), óleo sobre roble de 66 cm x 51 cm, Museo de Bellas

Las actitudes populares contrapuestas hacia la guerra en el mar y la guerra en tierra se reflejan claramente en el arte pictórico holandés del siglo XVII. Pocas pinturas retratan hazañas de armas en tierra, como, por ejemplo, la batalla de Nieuwpoort (2 de julio de 1600) del pintor flamenco Sebastiaan Vrancx (1573-1647), la primera batalla importante ganada por los holandeses en campo abierto, entre las fuerzas de las Provincias Unidas de los Países Bajos, bajo el mando de Mauricio de Nassau, y el ejército español, al mando del archiduque Alberto de Austria.[61] Philips Wouverman (1619-1668) no se limitó a pintar escenas ecuestres, como las que vio Hegel, sino que representó también escenas de batallas, de combates, choques, cargas y escaramuzas de caballería. Muchas grandes batallas navales, en cambio, en las que los holandeses salieron victoriosos, han sido objeto de lienzos excepcionales, como *La batalla de Gibraltar* (25 de abril de 1607) de Cornelisz Claes van Wieringen. Observamos cómo el barco insignia de la flota española es atacado por un barco de guerra holandés y explota. Esta representación del incidente militar decisivo añade un carácter dinámico y dramático a lo que solía ser puramente descriptivo, pues vemos pedazos del barco y partes de los marineros "suspendidos para siempre en el cielo"[62], además de

---

Artes de Budapest; David Teniers el Joven, *The Guard-Room* (*ca.* 1640-1650), óleo sobre cobre de 67 cm x 52 cm, Museo del Prado, Madrid; Jan Steen, *Marauders attacking peasants* (*ca.* 1664-1668), óleo sobre tela de 87 cm x 142 cm, Colección privada; Pieter de Hooch, *Tric-Trac Players* (*ca.* 1652-1655), óleo sobre tabla de 46 cm x 33 cm, The National Gallery of Ireland, Dublin; Pieter de Hooch, *Two soldiers and a serving woman with a trumpeter* (1655), óleo sobre tabla, de 76 cm x 66 cm, Kunsthaus, Zürich; Gerbrand van der Eeckhout, *Tric-Trac Players*, 1653, óleo sobre lienzo, 43,8 cm x 37,8 cm, colección privada.

61   *La batalla de Nieuwpoort, ca.* 1620, óleo sobre lienzo de 122 cm x 177 cm, Museo de Bellas Artes de Sevilla. Acerca de las profundas reformas a las que Mauricio de Nassau sometió a su ejército, véase Jan Piet Puype, "Las reformas del ejército holandés del Príncipe Mauricio de Nassau, 1590-1600. Armas y tácticas de batalla", en García García, Bernardo J. (ed.), *La imagen de la guerra en el arte de los antiguos Países Bajos*, pp. 171-211.

62   Wouter Kloek, "Batallas en el mar. La pintura como *memento*", en García García, Bernardo J. (ed.), *La imagen de la guerra en el arte de los antiguos Países Bajos*, Madrid, Editorial Complutense, p. 72.

cuerpos en el mar: el cuadro "narra" lo que acontece después de la explosión. La batalla significó un cambio del escenario de la guerra que se desplazó al Mediterráneo. [IMAGEN 9]

La *Batalla de Livorno*, 14 de marzo de 1653, de Reinier Nooms (*ca.* 1623-1664) –entre 1653 y 1664–, óleo sobre tela de 142 cm x 225 cm, Rijksmuseum, Ámsterdam[63]; *La batalla de Ter Heide*, o *de Scheveningen*, 10 de agosto de 1653, durante la Primera guerra angloholandesa, de Willem van de Velde el Viejo (*ca.* 1611-1693) –1657–, tinta y óleo sobre lienzo de 170 cm x 289 cm, Rijksmuseum, Ámsterdam.[64] El más famoso de todos es, sin duda, el siguiente lienzo de Willem van de Velde el joven. [IMAGEN 10]

---

63   En el extremo izquierdo inferior hay un pliego que dice: "Combate naval en la costa de Livorno entre la flota neerlandesa e inglesa bajo el mando de los comandantes Jan van Galen y Sir Appleton. Acontecido el 14 de marzo de 1653 / N° 1- El buque "Madonna della Vigne", después de sufrir un impacto directo en la línea de flotación, abandona y se dirige a puerto / 2- El "Maagd van Enkuizen" conquista el mercante levantino de Armenia / 3 & 4- El "Son" y "Julius Caesar" abordan y conquistan el barco del almirante Appleton / 5 & 6- El "Suzanna" y el "Swarten Arent" abordan y conquistan el "Pelgrim" / 7- El barco del almirante van Galen dispara al inglés "Bonadventura" hasta prenderle fuego / 8- El capitán Tromp incendia el buque inglés "Samson" mediante un barco incendiario / 9- El barco "María" navega a vela en solitario / 10- El almirante Bodley, aún con ocho buques y un barco incendiario, y con el viento a favor, no se atreve a acercarse / 11- Un barco incendiario inglés es hundido por el almirante van Galen" (citado en Alana Stoel Aguirre, *Los cuadros de batallas navales. Una imagen del poder de las Provincias Unidas en el siglo XVII*, tesis de grado en Historia del arte, Lejona, Universidad del País Vasco, 2014-2015, p. 32). Hay un cuadro de Willem van de Welde el Viejo, *La batalla de Leghorn*, 14 de marzo de 1653 (*ca.* 1654-1655), óleo y tinta sobre lienzo de 114 cm x 160 cm, Rijksmuseum, Ámsterdam. La victoria de la flota holandesa permitió el control del Mediterráneo.

64   *La batalla de Ter Heide*, o *de Scheveningen* fue, a la vez, una derrota táctica de la flota holandesa y una victoria estratégica, pues permitió levantar el bloqueo de la flota inglesa frente a la costa holandesa. "Lo más cercano a la imagen del pintor como corresponsal de guerra es el caso de los dos Willem van de Velde, quienes realmente salieron al mar para seguir los acontecimientos. Ambos estuvieron presentes en la batalla de ter Heide, el 10 de agosto de 1653" (Wouter Kloek, "Batallas en el mar. La pintura como *memento*", pp. 78-79). Willem van de Velde el Viejo realizaba sus obras "mediante la técnica denominada *penschilderij (pen painting*, una especie de grisalla a pluma y aguada) [...] Su hijo, Willem van de Velde el

Todo está ardiendo excepto, en el centro, el *Royal Charles* en el que los holandeses acaban de izar su bandera, y los marineros exultantes agitan sus sombreros; en el fondo, a la izquierda, se divisan varios barcos holandeses que parecen observadores.

Desde el inicio de la Segunda guerra angloholandesa, en 1665, los ingleses sufrieron una serie de desgracias: una difundida peste y el gran incendio de Londres, que coincidieron con su derrota en la Batalla de los cuatro días contra los holandeses (1-4 de junio de 1666), que los llevaron a tomar dos decisiones. La primera, guardar su flota en los puertos de Chatham y Harwich; la segunda, iniciar unas negociaciones de paz, en mayo de 1667, en la ciudad neerlandesa de Breda. Ambas decisiones resultaron a la postre fatales para sus intereses. Mientras que los ingleses anticipaban un posible acuerdo, y dejaban de movilizar su flota en el verano, Johan de Witt (1625-1675), Gran Pensionario [*Raadpensionaris*] de Holanda desde 1653, quería una victoria decisiva, con el fin de lograr mayores ventajas en las negociaciones. Artífice de la creación de una armada profesional con la construcción de buques mucho más grandes con un mayor poder de fuego,[65] y con el riguroso adiestramiento de las tripulaciones de los barcos, de Witt concibió en el mayor secreto el ataque en el Medway. Bajo el mando militar del teniente almirante Michiel de Ruyter (1637-1676),[66] vencedor en la Batalla de los cuatro días, la

---

Joven, añadió color a las batallas navales, conservó la precisión y al mismo tiempo redujo el elemento documental en favor de una cierta atmósfera, o tono, o incluso dramatismo. [...] Ambos estuvieron presentes en un gran número de episodios navales; se les podría considerar como los primeros corresponsales de guerra (por lo menos al padre)" (*Ibid*, p. 70).

65   En la segunda mitad del siglo XVII "Los barcos ya no eran naves comerciales adaptadas, sino enormes máquinas de guerra. Las tácticas de combate habían pasado del disparo de cañones y los intentos de abordaje, para acometer después la lucha cuerpo a cuerpo, a una navegación sistemática en la que se buscaba el mejor viento, se alineaban los barcos de guerra, se aproximaba al enemigo, se disparaba y se recuperaba, para intentar alinearse de nuevo y usar los cañones del otro lado de los barcos" (Wouter Kloek, *op. cit.*, pp. 64-65).

66   Véase el cuadro de Ferdinand Bol (1616-1680), *Retrato de Michiel de Ruyter* (1667), un óleo sobre tela de 157 cm x 135 cm, Mauritshuis, La Haya.

flota holandesa navegó río arriba el Támesis hasta Gravesend y, siguiendo el río Medway hasta Chatham, a solo 30 millas de Londres, quemó tres buques insignia y otros diez barcos de menor calado, tomando además como trofeos al HMS *Unity* y el HMS *Royal Charles*, el mayor barco de la Marina Real, con 86 cañones y tres cubiertas, todo un símbolo del poderío naval inglés, que fue posteriormente llevado a los Países Bajos, a Hellevoersluys, donde se expuso como trofeo de guerra –la popa del *Royal Charles* se puede ver hoy en día en el Rijksmuseum en Ámsterdam–. Esta derrota impulsó la firma del Tratado de Breda, adverso a Inglaterra, pocas semanas después, el 31 de julio de 1667.[67] Es evidente que estos lienzos significaban algo más que simplemente unos barcos de guerra que se enfrentaban en alta mar. "Respecto de la función original de una pintura, la cuestión de por qué se realizó precede a la cuestión de si es o no fiel a la realidad. Lo cual es particularmente evidente en el caso de las representaciones de batallas navales".[68] Las pinturas de batallas navales constituyen una imagen del poder holandés con un claro sentido propagandístico.[69] Los pintores prescinden de cualquier referencia alegórica, mitológica o divina que podría restarle valor al esfuerzo humano en favor de alguna intervención sobrenatural.

---

67 Después del éxito de la Batalla de Medway, Jan de Baen (1633-1702) pintó un *Retrato alegórico de Cornelis de Witt* (1667-1672), un óleo sobre lienzo de 66 cm x 100 cm, Mauritshuis, La Haya, con los barcos ingleses en llamas en el fondo. El cuadro sugiere que Cornelis fue el instigador de la victoria en Chatham, cuando era su hermano menor quien merecía los créditos.

68 Wouter Kloek, *op. cit.*, p. 72.

69 "[A]lgunas de las funciones más importantes [*sc.* de los cuadros de batallas navales] son la pintura para presumir, o en otras palabras como expresión de vanidad personal (u orgullo), la pintura como regalo, la pintura como admonición y, finalmente, la pintura como *memento*" (Wouter Kloek, *op. cit.*, p. 70). "Una buena parte de las imágenes bélicas creadas en Europa en los siglos XVI y XVII nacieron con una voluntad conmemorativa y tienen como objetivo dejar constancia de actos dignos de ser recordados. Son escenas de carácter propagandístico y encargadas por los vencedores de esas guerras y batallas, que describen su fuerza y su heroísmo" (Javier Portús, "Miserias de la guerra: de Brueghel a Velázquez", p. 3).

3. ¿Qué nos dicen las pinturas de género?

Así las cosas, la manera como la pintura neerlandesa del siglo XVII representa la guerra contribuye a la construcción de la identidad y de la conciencia nacional de los holandeses.[70] Cuando escribimos que los "grandes maestros" holandeses sí trataron los temas contemporáneos relacionados con la guerra, y sí tuvieron la capacidad de tratarlos, sólo que *"de otra manera"*, queremos decir con *simplicidad*, o *sencillez*, una de las cualidades de los holandeses que, según Huizinga, "no es ni altiva ni muy espiritual y, sin embargo, es de gran importancia: [...] y estrechamente relacionada con ella, el ahorro y la limpieza (*thrift and cleanliness*]. [...] Porque la limpieza iba de la mano con un fuerte sentimiento de la realidad, en la medida en que, filosóficamente o de otra manera, se consideraba que los objetos existían por derecho propio y se valoraban como tales".[71] La importancia de la *limpieza* no escapó a

---

70   Simon Schama tiene una interpretación muy diferente de la nuestra: "Si la pintura histórica holandesa le había restado importancia a la guerra, a los soldados les fue aún peor en la pintura de género. [...] Artistas gráficos como Goltzius y Jacques de Gheyn en los primeros años de la guerra habían proporcionado algo parecido a una visión heroica, o al menos llamativa, del hombre de armas. Pero esa imagen había desaparecido en gran medida a mediados de siglo, para ser reemplazada por algo más cercano al burlesco de los bajos fondos. [...] Esto no quiere decir que los soldados nunca se muestren con simpatía en el arte o la literatura holandesa. Gerard ter Borch pintó una serie de cuadros irónicos de la vida militar, cuyo temperamento se describe mejor como una delicada falta de respeto, [...] En muchos casos, la calidez e intimidad de la mirada de ter Borch surge de las formas ingeniosas en que desmilitarizan y desmovilizan sus escenas elegidas" (Simon Schama, *op. cit.*, pp. 241-244).

71   Johan H. Huizinga, *op. cit.*, pp. 61-63. "[Constantine] Huyghens habló de la gloriosa sencillez de Holanda, una virtud en la que la modestia y la moderación iban de la mano con la tradición y la gran dignidad" (*Ibid*, pp. 61-62). Limpieza: "una cualidad nacional de la que estamos bastante cansados, porque suena tan prosaico, a saber, nuestra tan cacareada limpieza holandesa. Es un hecho extraño que en nuestra lengua, una sola palabra –*schoon*– exprese limpieza y pureza así como belleza" (*Ibid*, p. 114). Acerca de la obsesión con la limpieza, véase Simon Schama, *op. cit.*, pp. 377-384; pp. 389 y 391. E. de Jongh ("The Broom as Signifier: An Iconological Hunch", en Jongh Eddy de, *Questions of Meaning. Theme and Motif in Dutch Seventeenth-Century Painting*, translated and edited by Michael

los editores de la traducción al inglés del ensayo "*Dutch Civilisation in the Seventeenth Century*" de Huizinga, publicado por primera vez en 1941, quienes pusieron en la carátula del libro el cuadro de Pieter de Hooch *Patio de una casa de Delft* (1658), un óleo sobre tela de 73 cm x 60 cm, National Gallery of London. Una criada que tiene un plato en la mano baja unos escalones con una niña, entra en un patio brillantemente iluminado donde hay una escoba y un cubo, y en un corredor, al lado, se ve a una mujer de espaldas, tal vez la madre de la niña. Pieter de Hooch pintó varios cuadros de madres, niñas y criadas, como *Woman and child by a window, with a maid sweeping* (ca. 1655-1658), un óleo sobre tela de 65 cm x 80 cm, The Wernher Collection, Ranger's House, Londres. Los editores habrían podido elegir otros cuadros, como el de Pieter van den Bosch (1604-1649), *Serving Maid with Pots and Pans* (ca. 1649), óleo sobre roble de 19,4 cm x 25,8 cm, National Gallery of London, o el de Caspar Netscher, *The Lace Maker* (1662), óleo sobre lienzo de 33 cm x 27 cm, Wallace Collection, Londres, en los que hay escobas, asociadas con la limpieza, pero también, de manera simbólica, con la "pureza espiritual y moral"[72] y con la piedad, al barrer la criada los objetos del vicio.

Quien visitaba Holanda en el siglo XVII, se sorprendía al advertir los esfuerzos que realizaban los holandeses para mantener sus casas y sus calles limpias:

> [un esmero tal que era] el producto de una obsesión más que una preocupación razonable por la salubridad. [...] En esta devoción colectiva por la pureza había algo más que consideraciones materiales. [...] Porque las leyes que obligaban a los holandeses a la observación visible de sus rituales de lavado eran *más morales que materiales*. Y estaban profundamente asociadas en la mentalidad colectiva con las polaridades del orgullo y la vergüenza, la solidaridad y lo ajeno.[73]

Hoyle, Leiden, Primavera Pers, 2000, 1989, pp. 193-214; pp. 281-283) critica la interpretación de Schama.

72   Wayne Franits, *Dutch seventeenth-century Genre Painting*, p. 161.

73   Simon Schama, *op. cit.*, pp. 377-378. (El énfasis me pertenece).

La pulcritud de las viviendas descubre los *tonos morales* de las tareas domésticas y las normas piadosas de comportamiento social. Lo que ensuciaba y que los holandeses debían someter y eliminar eran los apetitos de la carne, el atractivo de la riqueza y las locuras de la vanidad mundana.

> Cuando la comida, la lujuria, la pereza, la indolencia y el lujo vano eran sometidos por las virtudes domésticas –sobriedad, frugalidad, piedad, humildad, aptitud y lealtad– se les despojaba de su suciedad, es decir, de su capacidad para infligir daño o poner en peligro el alma. El hogar era ese terreno moralmente purificado y cuidadosamente vigilado en el que el libertinaje era gobernado por la prudencia, y los hábitos díscolos de animales, niños y desvergonzadas mujeres solteras eran sometidos a un estado de armonía y gracia.[74]

La pintura holandesa de género celebra este orden ideal y moral del hogar familiar, y quienes veían estas pinturas seguramente disfrutaban de la sensación de calma, orden y sencillez. Firmemente convencidos de la "sustancialidad de las cosas"[75], nuestros pintores no se preguntan si reproducen con la mayor fidelidad posible la forma exterior de las cosas: con la fe inquebrantable en la realidad de todas las cosas terrenales, una fe que es la consecuencia directa de un profundo amor por la vida y del interés por su entorno, se deleitan con los objetos y sus formas.

> Superficialmente hablando, Vermeer, como muchos de sus amigos, era un pintor de la vida cotidiana. [...] Le mostrará a un hombre, o preferiblemente a una mujer, haciendo una tarea sencilla [*simple*], en un ambiente sencillo [*simple*], con un cuidado amoroso, leyendo una carta, vertiendo leche de una jarra o esperando la llegada de un barco. Todas las figuras parecen haber sido trasplantadas de la existencia ordinaria a un entorno claro y armonioso donde las palabras no tienen sonidos y los pensamientos no tienen forma. Sus acciones están envueltas

---

74   *Ibid*, p. 388.
75   Johan H. Huizinga, *op. cit.*, p. 83.

en el misterio, como las de las figuras que vemos en un sueño. *La palabra realismo parece completamente fuera de lugar aquí. Todo es de una intensidad poética sin igual.*[76]

Fromentin se equivoca cuando afirma que "la escuela que se ha ocupado más exclusivamente del mundo real parece ser la que más ha ignorado el interés moral".[77] No cabe duda de que la pintura de género comunica mensajes morales:

> [L]os significados que descubrimos en las pinturas holandesas tienen que ver con los valores morales, con lo que, en los Países Bajos calvinistas del siglo XVII, se consideraba virtud o vicio. Puede que Fromentin tenga razón al hablar del realismo de esta pintura, pero ciertamente se equivoca al considerarla desprovista de toda dimensión moral. No es de extrañar: para los holandeses de esta época, […], la vida cotidiana, como hemos visto, es todo menos un terreno neutral. La pintura es, por tanto, en términos retóricos, del género epidíctico, el del elogio y la censura, o incluso, el del idilio y la sátira.[78]

Elogio de las virtudes domésticas, de la familia, de la mujer y del amor humano; censura de la intemperancia, de la vanidad de la vida, de los placeres de la carne, de la despreocupación y de la pereza, del deseo desmedido por los bienes materiales y de la grosería.

> Los elementos emblemáticos cuyo sentido hay que captar están presentes en las pinturas, y la vida que representan no transcurre en un vacío moral. Lo que aquí está en cuestión, sin embargo, no es la presencia de estos elementos, sino su papel. No es porque estas pinturas representen un mundo impregnado de juicios morales que lo son a su vez; las normas morales son parte de lo representable, pero las pinturas en sí no pretenden ser necesariamente lecciones de conducta.[79]

---

76   *Ibid*, pp. 84-85. (El énfasis me pertenece).

77   Eugène Fromentin, *Les maîtres d'autrefois*, p. 204.

78   Tzvetan Todorov, *Éloge du quotidien. Essai sur la peinture hollandaise du XVIIe siècle*, Paris, Éditions du Seuil, 1997, p. 53.

79   *Ibid*, p. 81.

En toda obra de arte hay que buscar pistas, preferiblemente en la propia obra, si no en composiciones similares o en la literatura contemporánea. Hay pinturas que son fáciles de interpretar, pero hay otras que no, lo que obliga a examinar más de cerca el estatuto del sentido moral en la pintura holandesa. En las pinturas de género los mensajes morales se ocultan a veces por razones tácticas o estéticas, o se encuentran en pequeños detalles en el fondo del cuadro. La interpretación iconográfica –descripción de las imágenes– debe, entonces, complementarse con una interpretación iconológica –explicación de las imágenes– de los símbolos, estableciendo un movimiento que va de la materia a la moral, de lo concreto a lo abstracto, del mundo animado al mundo inanimado, que revela un significado alegórico de la vida y sus caprichos, como una especie de advertencia o recordatorio. Ahora, por un lado, no tenemos forma de saber qué pretendía realmente el artista. Por otro lado, las pinturas de género expresan las costumbres, los hábitos, los sentimientos de una nación: los retrata, pero produce también efectos en quienes las ven. Además, para los espectadores del siglo XVII, la lectura de una pintura difiere de la nuestra.

Parece poco probable que debamos suponer una advertencia contra el comportamiento pecaminoso detrás de cada cuadro de campesinos pendencieros, fornicadores o borrachos. La interpretación iconográfica,[80] es decir, la identificación y el *análisis* de los contenidos temáticos de las pinturas de género como alegorías veladas de los pecados capitales está ligada a la creencia de que la función de tales obras era didáctica y de advertencia.[81] Las pinturas se interpretan

---

80   Panofsky propone tres niveles de significación de la obra de arte, al igual que de la vida ordinaria, en *"Iconography and Iconolgy: An Introduction to the Study of Renaissance Art* [Iconografía e iconología: introducción al estudio del arte del Renacimiento]" (Erwin Panofsky, *Meaning in the visual Arts*, New York, Anchor Books, 1955, pp. 26-54; Erwin Panofsky, *El significado en las artes visuales*, traducción de Nicanor Ancochea. Madrid, Alianza Editorial, 1987, pp. 45-75).

81   Un ejemplo es el artículo de Dekker. Su tesis es que "La pintura holandesa del siglo XVII desempeñó un papel importante en la promoción de la búsqueda de las virtudes familiares y educativas. Acomodar mensajes moralistas

como espejos de pecados que muestran aquello que no debe hacerse. ¿Pero representar un comportamiento inmoral habría sido realmente efectivo como medio de edificación? ¿No sería esto sobreestimar los poderes didácticos de la imagen? Las personas que miraban las obras conocían perfectamente las normas aceptadas. No necesitaban cuadros ni grabados para saberlo. Entonces, ¿qué nos dicen las pinturas de género? ¿De qué nos hablan?

Conviene dejar provisionalmente la discusión acerca de las diferencias entre las teorías "descriptivas" y las teorías "narrativas", y dejar de soñar con el sentido del mensaje moral sin que podamos resolver su enigma, para atender lo que ambas teorías tienen en co-

---

en bellas pinturas se consideraba una política de comunicación moralista muy eficaz en una cultura en la que enviar tales mensajes moralizantes era muy popular [...] Dos estrategias de educación moral eran populares para la amplia burguesía y complementarias de la educación moral por parte de la iglesia: moralizar por el placer y moralizar por el embellecimiento. La estrategia de moralizar por el placer, o enseñar y aprender las virtudes con diversión [*with fun*], se utilizó con frecuencia en los libros emblemáticos populares sobre el matrimonio y la crianza de los hijos, en particular en los bestsellers y longsellers de Jacob Cats. La estrategia de moralizar embelleciendo, o enseñar y aprender con estética [*with aesthetics*], se utilizó en muchas pinturas de género sobre el matrimonio, la infancia y la familia" (Jeroen J. H. Dekker, "Beauty and Simplicity: the Power of Fine Art in Moral Teaching on Education in Seventeenth-Century Holland", *Journal of Family History*, vol. 34, núm. 2, 2009, pp. 166-169). De lo que se trataba era de una "propaganda moral" (*Ibid.*, p. 169). Para Roth, "las opiniones de Dekker implican una estrategia coordinada de educación moral por parte de los artistas holandeses. Esta afirmación es incompatible con la evidencia disponible, que indica que los artistas de la época estaban motivados en gran medida por simples consideraciones comerciales y no por aspiraciones morales o educativas [...] Las decisiones de compra se tomaban por motivos económicos, sociales, egoístas o estéticos, y los artistas satisfacían la demanda" (David T. Roth, "Moral Messages in Dutch Realist Art of the Seventeenth-Century Golden Age", *ANU Historical Journal II: Number 2*, 2020, pp. 23-24). Como escribe Zumthor: "El gusto del artista mismo estaba determinado en gran medida por el gusto predominante de sus compatriotas, que amaban la armonía del diseño y la riqueza del color y aborrecían el sentimentalismo y el misticismo. Lo que hoy consideramos como el "realismo" de los grandes pintores holandeses es, de hecho, un reflejo directo de esta estricta unidad entre el artista y la sociedad en la que vivía" (Paul Zumthor, *Daily Life in Rembrandt's Holland*, p. 196).

mún: *el hombre*. Y lo humano –como en la naturaleza humana– es la esencia de Jan Havicksz Steen (1626-1679). A pesar de su edad, estas obras nos hablan tan directamente como cualquier arte de nuestro tiempo, de hecho más directamente que la mayoría, porque nos hablan de nosotros mismos. Jan Steen, como lo dijo tan acertadamente Bürger, "parece haber elegido, como texto de sus pinturas, la comedia humana".[82] Generalmente conocido, y estudiado, por su "estilo moralizante", Steen es "aquel pintor para quien el significado parecía estar completamente en la superficie, por un lado, pero cuya pintura no podía ser considerada como puramente descriptiva [*all about describing*] tampoco".[83] Su cuadro titulado *La vida del hombre* [*The Life of Man*] es más un escenario teatral que el interior de una taberna llena de gente –niños, jóvenes y ancianos de ambos sexos– cuyas actividades invitan a una interpretación iconológica susceptible de desentrañar minuciosamente sus motivos y significados subyacentes. [IMAGEN 11]

El cuadro, al que De Jongh llama *The World as a Stage*, comparte esta metáfora con el teatro y "refleja una visión de la humanidad [*a view of mankind*]".[84] En la parte superior del cuadro vemos lo que parece ser un telón alzado, y quizá lo que Steen quiere que consideremos es que no estamos viendo el interior de una taberna, sino el escenario en el que se desarrolla la vida humana. Un escenario como en la obra de Shakespeare *Como gustéis* [*As You Like It*], en la que Jaques dice el famoso monólogo las "Siete edades del hombre", que comienza con estas líneas:

---

82   William Bürger, *op. cit.*, p. 104.

83   Mariët Westermann, *op. cit.*, p. 261.

84   Eddy de Jongh, "Jan Steen, So Near and Yet So Far", en Chapman, H. Perry, Kloek, Wouter Th., Wheelock, Arthur K. Jr., *Jan Steen. Painter and Storyteller*, Washington: National Gallery of Art; Amsterdam, Rijksmuseum, 1996, p. 42. De Jongh llama al cuadro *The So-Called Brewery of Jan Steen* (Eddy de Jongh, "Realism and Seeming Realism in Seventeenth-Century Dutch painting, en Franits, Wayne (ed.), *Looking at Seventeenth-Century Dutch Art: Realism reconsidered*, Cambridge, Cambridge University Press, 1997, 1971, p. 40).

> Todo el mundo es un escenario,
> y todos, hombres y mujeres, son meros actores.
> Todos tienen sus entradas y salidas,
> y cada hombre en su vida representa muchos papeles,
> siendo los actos siete edades.[85]

La comparación de la vida con una representación teatral era una metáfora común en el siglo XVII, como lo confirman las líneas que el poeta y dramaturgo holandés Joost van den Vondel (1587-1679) escribió en 1637 con motivo de la inauguración del teatro de Ámsterdam [*Amsterdamse Schouwburg*] en Keizersgracht: "Todo el mundo es un escenario / cada uno hace su parte y recibe su parte".[86]

Así las cosas, la siguiente apreciación de Hegel podría ser la ilustración de *La vida del hombre* de Jan Steen:

> Si contemplamos a los maestros holandeses con estos ojos, ya no opinaremos que la pintura holandesa hubiera debido abstenerse de tales temas y sólo representar a los antiguos dioses, mitos y fábulas, o imágenes de Madonas, crucifixiones, martirios, papas, santos y santas. Lo que pertenece a toda obra de arte, pertenece también a la pintura: la intuición de lo que en general hay en el hombre, en el espíritu y el carácter humanos, lo que es el *hombre* y lo que es *este* hombre [*die Anschauung, was überhaupt am Manschen, am menschlichen Geist und Charakter, was der Mensch und was* dieser *Mensch ist*]. Esta concepción de la naturaleza humana interna y de sus vivas formas y modos externos de manifestación, este ingenuo placer y libertad artística, esta

---

85 William Shakespeare, "As you like it", *The new Oxford Shakespeare. The complete works. Modern critical edition*, ed. por Gary Taylor, John Jowett, Terri Bourus y Gabriel Egan, Oxford, Oxford University Press, 2016, p. 1718. Acto 2, escena 7: "*All the world's a stage, / And all the men and women merely players. / They have their exits and their entrances, / And one man in his time plays many parts, / His acts being seven ages*".

86 "*All the World's a Playing Set / Each Plays His Part, His share Will Get*" (Mariët Westermann, "Steen's Comic Fictions", en Chapman, H. Perry, Kloek, Wouter Th., Wheelock, Arthur K. Jr., *Jan Steen. Painter and Storyteller*, Washington: National Gallery of Art; Amsterdam, Rijksmuseum, 1996, p. 58). Estas líneas fueron cinceladas en la puerta. El teatro se quemó, pero la puerta se conservó.

frescura y serenidad de la fantasía y segura audacia de ejecución, constituyen aquí el rasgo poético fundamental del que se hallan penetrados la mayoría de los maestros holandeses de este círculo. En sus obras de arte se puede estudiar y aprender a conocer la naturaleza humana y a los hombres [*In ihren Kunstwerken kann man menschliche Natur und Menschen studieren und kennenlernen*].[87]

---

87 *Hegel*, 1989, pp. 643-644; *Hegel*, 1970b, pp. 130- 131.

CAPÍTULO III

Realidad y apariencia en la pintura holandesa del Siglo de Oro

*Sigue siendo una paradoja de la República
Holandesa que una cultura tan públicamente
desconfiada del conocimiento visual y de las
seducciones de la vista hubiera propiciado una
producción pictórica tan voluminosa y variada,
y tan dedicada a las aparentes transcripciones
de cosas vistas, al credo de "ver es creer".*[1]

1. Hegel y la valorización de la apariencia

Es en un registro hegeliano que Mariët Westermann escribe en *A Wordly Art. The Dutch Republic 1585-1718*: "Lo que el espectador ve, en la vida o en el arte, es sólo *Schijn*, apariencia, y no la esencia de la naturaleza o la existencia".[2] Sin duda, el arte no es sino apariencia, pero, según Georg Wilhelm Friedrich Hegel, solo se toma conciencia de lo real a través de lo aparente y, en este sentido, todo lo real es equívoco. El arte nos llega en apariencia, pero en una apariencia cargada de espíritu, compenetrada de la verdadera realidad de las cosas. La pintura holandesa del Siglo de Oro hace

---

1 Mariët Westermann, "Taking Dutch Art Seriously: Now and Next?", *Studies in the History of Art*, vol. 74, 2009, pp. 261-262. Véase el grabado en cobre de Frans Hogenberg (1540-1590), *The Calvinist Iconoclastic Riot of August 20, 1566* (1588). Londres: Museo Británico. Acerca de la Furia iconoclástica –*Beeldenstorm* (1566)–, véase Jonathan I. Israel, *The Dutch Republic. Its Rise, Greatness, and Fall 1477-1806*, Oxford, Clarendon Press, 1998. pp. 148-152. Paradójicamente, el auge de la iconoclasia rompe los lazos entre pintura y religión, lo que le permite a la pintura volcarse hacia el mundo profano (Tzvetan Todorov, *Éloge du quotidien. Essai sur la peinture hollandaise du XVIIᵉ siècle*, Paris, Éditions du Seuil, 1997, p. 29). Todas las traducciones, salvo indicación en contrario, nos pertenecen.

2 Mariët Westermann, *A Wordly Art. The Dutch Republic 1585-1718*, New Haven and London, Yale University Press, 2007, p. 90.

de la apariencia une esencia; al rechazar la separación radical de lo
ideal y lo real, la valorización de la apariencia (*Schein*) transforma el
concepto de realidad.

Las *Lecciones sobre la estética*, cuyo "objeto es el vasto *reino de lo bello*, y, más precisamente, su campo es el *arte*, vale decir, el *arte bello*"[3],
objetan, en su densa Introducción, la herencia de la tradición platónica que reduce el arte a una ilusión. Si el arte inquieta a la filosofía
–desde el *Hipias mayor*–, es porque compromete una reflexión sobre
el ser.[4] La obra de arte no seduce solamente por su belleza, obliga
a interrogarse sobre la realidad, a diferenciarla de la apariencia, si se
quiere construir una *"filosofía del arte"* que tenga por tarea encontrar
el pensamiento investido en los objetos de arte, y sacar la verdad que
se manifiesta en ellos de una manera sensible. El objeto de la *filosofía
del arte bello* no es lo bello en general, sino lo bello que produce el
espíritu en tanto que es artista. En la *pólis* ideal de Platón, los "pro-
ductores de imágenes", en general, y los pintores, en particular, no
son bienvenidos, porque su actividad consiste en imitar realidades
sensibles, es decir, en producir apariencias, o simulacros de aquello
que ya es una apariencia.[5] El pintor [*zógraphos*] imita lo real, no tal

---

3   *Hegel*, 1989, p. 7. [Se cita como *Hegel*, la fecha de la traducción al español
     y la paginación; la fecha y la paginación de la edición alemana original].

4   Véase Jean-Paul Margot, "Artes de imitación e imitación del arte en
     Platón", *Praxis Filosófica*, núm. 56, 2023a, pp. 79-100. "Para Platón y
     los que le siguieron, las definiciones se hacían en los cielos. La idea del
     hombre, de la cama o del jarrón quedaba fijada para la eternidad, con
     contornos rígidos y leyes inmutables. La mayoría de los enredos en que
     se vieron envueltas la filosofía del arte y la filosofía del simbolismo se
     remontan a este inspirador punto de partida. Porque una vez aceptada
     la argumentación que afirma la existencia de rígidas clases de cosas,
     estamos obligados a describir su imagen como un fantasma. ¿Pero un
     fantasma de qué? ¿Cuál es la labor del artista cuando representa una
     montaña: copia una montaña particular, un miembro individual de la
     clase, como hace el pintor topográfico, o, más altaneramente, copia
     acaso el esquema universal [*universal pattern*], la idea de una monta-
     ña?" (Ernst H. Gombrich, *Art and Illusion. A Study in the Psychology
     of Pictorial Representation*, Princeton, Princeton University Press for
     the Bollingen Foundation, 2003, p. 100).

5   ¿Qué es la imitación [*mimêsis*]? pregunta Platón en la *Republica* X,

como es, sino tal como aparece, pinta una apariencia [*phantasmatos*]. El artesano produce algo que es semejante a lo real, mas no es real; el pintor "imita" las obras de los artesanos: él no produce las cosas en su verdad [*ta onta tê alêtheia*], sino las cosas "en su apariencia [*onta phainomena*]". En tal caso, el arte mimético está lejos de la verdad: las obras de las bellas artes "están alejadas tres veces de lo real [*tritta apechonta toû ontos*]".[6] El arte mimético produce una apariencia ilusoria, que no tiene una existencia real. Solo las formas inteligibles son reales. Contra la tradición platónica que contrasta lo ideal con la realidad de las sensaciones, para Hegel una esencia que no se manifiesta no tiene ninguna realidad. La apariencia es necesaria para la esencia.

> Pero por lo que respecta a la *indignidad* del elemento artístico en general, es decir, de la *apariencia* y de sus *ilusiones* [*des Scheines nämlich und seiner Täuschungen*], esta objeción tendría en todo caso su justificación si pudiera calificarse la apariencia como lo que no-debe-ser. Pero a la *esencia* misma le es esencial la *apariencia* [*der Schein selbst ist dem Wesen wesentlich*]; la verdad no sería tal si no pareciera y apareciera [*die Wahrheit wäre nicht, wenn sie nicht schiene und erschiene*], si no fuera *para* alguien, *para* sí misma tanto como para el espíritu en general. Por eso no puede ser objeto de reprobación la *apariencia* en general [*das Scheinen im allgemeinen*], sino sólo el particular modo y manera de la apariencia [*Weise des Scheins*] en que el arte da realidad efectiva a lo en sí mismo verdadero.[7]

597c-605c. Aplica su método acostumbrado al ejemplo de las camas: "¿No son tres las camas que se nos aparecen, de una de las cuales decimos que existe en la naturaleza [sc. la Cama que es en sí misma] y que, según pienso, ha sido fabricada por Dios [*theon*]? [...] Otra, la que hace el carpintero. [...] Y la tercera, la que hace el pintor" (597a). Imitación de la apariencia [*phantasmatos*], la pintura se aleja de lo real y de lo verdadero. (Platón, *Diálogos IV. República*, introducción, traducción y notas de Conrado Eggers Lan, Madrid, Gredos, 2006. [Para el original en griego, véase Platón, *La república*, introducción, versión y notas de Antonio Gómez Robledo, México, Universidad nacional autónoma de México, 2000]).

6   *Ibid.*, X, 599a.

7   *Hegel*, 1989, pp. 11-12; *Hegel*, 1970a, p. 21. "Todavía no se ha puesto

El concepto hegeliano de *apariencia* [*Schein*] se diferencia del *hecho de aparecer* [*Erscheinung*]. Parecer [*scheinen*] y aparecer [*erscheinen*] se oponen como lo que es artificial y fingido y lo que se da bajo una forma sensible. Se oponen como lo que es una apariencia engañosa, una ilusión, y una manifestación o aparición de fenómenos que los sentidos pueden aprehender. La realidad sensible no es ilusoria, su aparición [*Erscheinung*] no se opone a lo verdadero, es la forma que le permite a la verdad manifestarse de manera sensible. ¿De qué serviría una realidad sensible que no apareciera y que no fuera captada por el espíritu? Es preciso dejar de oponer la apariencia a la realidad, de suponer que la realidad verdadera de las ideas no puede ser la misma que la realidad sensible de los objetos tal como se muestran [*erscheinen*]. Lo bello da a la idea una existencia sensible, y la idea es lo que permite a lo bello existir, bien sea en la forma de una representación sensible que lo exprese —como la que da una imagen— o al concebirlo intelectualmente como un pensamiento.

> [L]o sensible debe por supuesto darse en la obra de arte, pero sólo manifestarse [*erscheinen*] como superficie y *apariencia* de lo sensible [*Schein des Sinnlichen*]. Pues el espíritu no busca en lo sensible de la obra de arte ni la materialidad concreta, la completitud interna y la extensión empíricas del organismo que el deseo demanda, ni el pensamiento universal, sólo ideal, sino que quiere presencia sensible [*sinnliche Gegenwart*], la cual debe, por

---

término a la antigua disputa, siempre renovada, sobre si el arte debe representar [*darstellen*] naturalmente en el sentido de lo externo, o bien enaltecer y transfigurar los fenómenos naturales. […] Tampoco los objetos representados ni el hombre corriente son de riqueza inagotable, sino limitados: […] Pero, en cuanto artísticamente creador, el hombre es todo un mundo de contenido [*Bereich der Vorstellung*] que él ha hurtado a la naturaleza y acumulado en el comprehensivo dominio de la representación y la intuición como un tesoro que ahora de modo simple restituye libremente por sí sin los prolijos condicionamientos y aprestos de la realidad" (*Hegel*, 1989, pp. 120-122; *Hegel*, 1970a, pp. 210-215). En su "Nota del traductor", Alfredo Brotóns Muñoz escribe: "*Vorstellung* se vierte como "representación*", con el significado de representación mental, subjetiva, interior…; *Darstellung* se vierte como "representación**", con el significado de representación fáctica, objetiva, exterior…" (*Hegel*, 1989, p. 5).

supuesto, seguir siendo sensible, pero igualmente liberarse del andamiaje de su mera materialidad. Por eso, en la obra de arte, lo sensible, en comparación con el ser-ahí inmediato de las cosas naturales, es elevado a la mera *apariencia* [*Schein*], y la obra de arte se halla *a medio camino* entre la sensibilidad inmediata y el pensamiento ideal [*und das Kunstwerk steht in der Mitte zwischen der unmittelbaren Sinnlichkeit und dem ideellen Gedanken*].[8]

La apariencia es, por lo tanto, muy real. Una ilustración de la valorización de la apariencia en el arte es la pintura holandesa del Siglo de Oro que, según Hegel, es una "representación de la apariencia como tal". Fiel al espíritu neoclásico del arte de su tiempo, Hegel hace del espíritu el único modelo de la imitación artística.[9] El arte debe tomar lo ideal, no lo real, como su tema de estudio.[10] A diferencia de Kant, quien afirma la "preeminencia de la belleza natural sobre la belleza artística"[11], para Hegel "lo bello artístico es *superior* a la naturaleza.

---

8   *Hegel*, 1989, p. 32; *Hegel*, 1970a, p. 60.

9   La Edad Clásica retoma de la *Poética* de Aristóteles el hecho de que la imitación es una tendencia natural que favorece el aprendizaje, lo que implica que el arte no es ajeno a la verdad: "El imitar, en efecto, es connatural al hombre desde la niñez, y se diferencia de los demás animales en que es muy inclinado a la imitación y por la imitación adquiere sus primeros conocimientos, y también el que todos disfruten con las obras de imitación" (Aristóteles, *Poética de Aristóteles*, edición trilingüe por Valentín García Yebra, Madrid, Gredos, 1974, 4, 1448b, 5-9). Una vez liberado de la teoría platónica de las Ideas, "el arte imita la naturaleza [*ê technê mimeîtai tên phusin*]" (Aristote, *Physique* (I- IV), texte établi et traduit par Henri Carteron, Paris, Les belles lettres, 1966, II, 2, 194a 21), pero la imita por medio de la praxis humana. El objeto de la *mimêsis* deja entonces de ser una imagen para convertirse en la acción misma: "La tragedia es la imitación de una acción [*mimêsis praxeôs*] noble y completa, [...]" (*Poética* 6, 1449b 24-25), y "la tragedia es imitación, no de hombres, sino de una acción y de una vida [...]" (*Ibid*, 1450a 16-17). También retoma del capítulo 9 de la *Poética* la diferencia entre el poeta, que dice "lo que podría suceder, esto es, lo posible según la verosimilitud y la necesidad", y el historiador que dice "lo que ha sucedido". "Por eso la poesía es más filosófica y elevada que la historia; pues la poesía dice más bien lo general, y la historia, lo particular" (*Ibid*, 1451a 36-1451b 7).

10 "El reino del arte bello es el reino del *espíritu absoluto*" (*Hegel*, 1989, p. 73).

11 Immanuel Kant, *Crítica de la facultad de juzgar*, traducción, introducción, notas e índices por Pablo Oyarzún, Caracas, Monte Ávila Editores, 1992,

Pues la belleza artística es la *belleza generada y regenerada por el espíritu* [*das Kunstschönheit ist die aus dem Geiste geborene und wiedergeborene Schönheit*], y la superioridad de lo bello artístico sobre la belleza de la naturaleza guarda proporción con la superioridad del espíritu y sus producciones sobre la naturaleza y sus fenómenos [*die Natur und ihre Erscheinungen*]".[12] El arte, manifestación sensible del espíritu, no tiene a la naturaleza como modelo, como en las teorías clásicas de la imitación: es la producción de una realidad, de una existencia exterior, y el medio para una toma de conciencia espiritual. El arte no imita una naturaleza que existe, produce una naturaleza recreada.

> La necesidad universal de arte, por tanto, es la necesidad racional que tiene el hombre de elevar a la conciencia espiritual el mundo interno y externo como un objeto en el que él reconoce su propio sí mismo. La necesidad de libertad espiritual la satisface, por una parte, interiormente, haciendo para sí lo que es, pero también realizando exteriormente este ser-para-sí y haciendo por tanto en esta duplicación [*Verdoppelung*] de sí intuible y cognoscible, para sí y para los demás, lo que lleva dentro. Esta es la libre racionalidad del hombre, en la que también el arte, como todo obrar y saber, tiene su fundamento y su necesario origen.[13]

---

§ 42, p. 210.

12 *Hegel*, 1989, p. 8; *Hegel*, 1970a, p. 14. Refiriéndose a la *Analítica de lo bello* (Immanuel Kant, *op. cit.*, § 1-22), escribe Hegel: "Kant concibe el juicio *estético* de tal modo que éste no surge ni del entendimiento como tal, en tanto que facultad de los conceptos, ni de la intuición sensible y su variopinta multiplicidad como tal, sino del libre juego del entendimiento y de la imaginación. En este común acuerdo de las facultades cognoscitivas es referido el objeto al sujeto y a su sentimiento de placer y agrado. [...] Constituye el punto de partida para la verdadera conceptualización de lo bello artístico, pero sólo salvando las lagunas kantianas ha podido esta hacerse valer como la comprensión superior de la verdadera unidad entre necesidad y libertad, particular y universal, sensible y racional" (*Hegel*, 1989, pp. 45-47). Lo bello artístico es, para Hegel, la unidad de lo subjetivo y lo objetivo, naturaleza y espíritu, lo sensible y lo inteligible.

13 *Hegel*, 1989, pp. 27-28; *Hegel*, 1970a, p. 52.

Escribimos en "Realismo y pintura holandesa del Siglo de Oro:
Fromentin y Hegel" que la pintura holandesa es un arte de imitación, pero la imitación no se reduce nunca a una mera copia de lo
real, sino que trata de extraer la esencia de las cosas al ir más allá
de su presentación ordinaria.[14] Lo que es *visible* en esta pintura
no es su objeto mismo, sino la *apariencia* de las cosas ordinarias,
lo que está en su superficie y en su fugacidad. La pintura holandesa no busca representar un objeto ejemplar o caracterizado, una
suerte de exterioridad platónica que le preexiste, sino producir una
naturaleza recreada por la *subjetividad* y la *interioridad*, "triunfo
del arte sobre lo contingente y lo fugaz": ella hace de la apariencia
una esencia. En tanto que *meditación sobre la apariencia*, la pintura
holandesa del Siglo de Oro ejemplifica la necesidad de disolver la
vieja oposición entre realismo e idealismo, entre naturaleza e ideal,
entre representar la naturaleza y recrearla.

> El arte le quita la apariencia y la ilusión de este mundo malo,
> efímero, a aquel contenido verdadero de los fenómenos [*Den
> Schein und die Täuschung dieser schlechten, vergänglichen Welt
> nimmt die Kunst von jenem wahrhaften Gehalt der Erscheinun-
> gen fort*], y les da a estos una realidad efectiva superior, hija
> del espíritu. Muy lejos de ser mera apariencia [*blosser Schein*],
> a los fenómenos del arte [*den Erscheinungen der Kunst*] ha de
> atribuírseles, frente a la realidad efectiva ordinaria, la realidad
> superior y el ser-ahí más verdadero.[15]

---

14   "El fin del arte debe hallarse en algo distinto a la mera imitación formal de
     lo dado, [...] la naturalidad exigida [en pintura] no es como tal lo sustancial
     y primordial que subyace al arte, y, aunque también la apariencia exterior
     constituye en su naturalidad una determinación esencial, sin embargo, ni
     la naturalidad dada es la *regla*, ni la mera imitación de los fenómenos ex-
     ternos en cuanto externos el *fin* del arte" (*Hegel*, 1989, p. 37).

15   *Hegel*, 1989, p. 12; *Hegel*, 1970a, p. 22. "El contenido [*sc.* de lo que en
     estos cuadros se nos ofrece a la vista] puede ser enteramente indiferente
     [*ganz gleichgültig*] o, aparte de la representación [*Darstellung*] artísti-
     ca, interesarnos sólo incidentalmente, digamos momentáneamente, en la
     vida ordinaria. De este modo ha sabido, por ejemplo, la pintura holandesa
     transmutar en miles y miles de efectos las fugaces apariencias dadas de la

Así las cosas, no puede ser objeto de reprobación la apariencia en general, sino *el modo de representación* empleado por el arte.

Lo que ahora suscitan en nosotros las obras de arte es, además del goce inmediato, también nuestro juicio [*Urteil*], pues lo que sometemos a nuestra consideración pensante es el contenido, los medios de representación [*den Inhalt, die Darstellungsmittel*] de la obra de arte y la adecuación o inadecuación entre ambos respectos.[16]

En la Primera parte, capítulo tres –Lo bello artístico o el ideal–, Hegel dice que la historia del pueblo holandés del siglo XVII es necesaria para entender su pintura:

---

naturaleza como de nuevo engendradas por el hombre [*als vom Menschen neu erzeugte*]. [...] Pero lo que de semejante contenido nos atrae cuando el arte nos lo ofrece es precisamente este parecer y aparecer [*Scheinen und Erscheinen*] de los objetos como producidos por el *espíritu* [*durch den Geist produziert*], el cual transforma en lo más interno lo externo y sensible y toda la materialidad. Pues en vez de lana y seda existentes, en vez del cabello, el vaso, la carne y el metal efectivamente reales, vemos meros colores: en vez de las dimensiones totales de que ha menester lo natural para su manifestación, tenemos una mera superficie y, sin embargo, la misma visión que da lo efectivamente real. Por eso, frente a la prosaica realidad dada, esta apariencia producida por el espíritu [*durch den Geist produzierte Schein*] es el milagro de la idealidad, una burla si se quiere, y una ironía sobre el exterior ser-ahí natural" (*Hegel*, 1989, pp. 121-122: *Hegel*, 1970a, pp. 214-215).

16   *Hegel*, 1989, p. 14; *Hegel*, 1970a, p. 25. "En una obra de arte empezamos por lo que se nos presenta inmediatamente, y sólo después preguntamos por su significado o contenido. Eso exterior no nos vale inmediatamente, sino que detrás suponemos algo interior, un significado que espiritualice la apariencia externa. Lo exterior alude a esta su alma. Pues una apariencia que signifique algo no se representa a sí misma y lo que ella es en tanto que externa sino otra cosa; tal como hacen, p. ej., el símbolo, y, más claramente todavía, la fábula, cuyo significado lo constituyen su moral y enseñanza. Es más, toda palabra ostenta un significado y nada vale para sí misma. [...] La obra de arte debe ser significativa de este modo y no aparecer agotada sólo en estas líneas, curvas, superficies, concavidades, oquedades de la piedra, en estos colores, notas, sonidos verbales o cualquier otro material que se use, sino desplegar una vitalidad interna, un sentimiento, un alma, un contenido y un espíritu al que precisamente llamamos el significado de la obra de arte" (*Hegel*, 1989, pp. 19-20).

Los holandeses han extraído el contenido de sus representaciones [*Darstellungen*] de sí mismos, de la actualidad de su propia
vida, y no puede reprochárseles que, una vez más, hayan realizado efectivamente este presente por medio del arte […] Para
saber en qué consistía el interés de los holandeses de entonces
debemos interrogar su historia.[17]

Vuelve en la Segunda parte, Tercera sección –La forma artística
romántica–, capítulo tres y en la Tercera parte, Tercera sección –Las
artes románticas–, capítulo primero, sobre esta tesis fuerte según la
cual la historia nos ayuda a entender el arte, y el arte nos ayuda a
entender las circunstancias nacionales de las que la pintura holandesa extrajo su origen. El "contenido de las representaciones" de los
pintores holandeses no es lo que se da a la sensación, sino lo que ha
sido conquistado por el genio humano: victoria del espíritu contra la
tiranía española de Felipe II, victoria del espíritu contra la inhóspita
naturaleza, y conquista de la autonomía religiosa con la *Reforma*, que
les permitió transformar su país en un estado de bienestar y libertad.[18]

---

17 *Hegel*, 1989, p. 126; *Hegel*, 1970a, p. 222.

18 Muy influenciado por Paul Claudel, J. Darriulat ofrece otra genealogía
del paisaje holandés: "No es la fiesta de un pueblo liberado aquello que
representan estas pinturas sino, de una manera mucho más misteriosa, un
país de ninguna parte, un territorio del vacío surcado por pantanos y estan-
ques, la mezcla aún salvaje de tierra y de agua que refleja como un espejo
la inmensidad del cielo. En este paisaje sin edad y sin historia, pequeños
hombres, desorientados, buscan afanosamente su camino. La tierra de Holanda, tal como se refleja en el cuadro, no es el escenario de una historia
gloriosa; es una tierra sin nombre que se extiende hasta perderse de vista,
una tierra desnuda e ingrata a la que ningún ideal viene a transfigurar. La
modernidad del paisaje holandés proviene de aquello que, al contrario de
la tesis hegeliana, descubre a nuestros ojos un mundo que no ha sido em-
bellecido por ningún significado, la presencia pura y simple de la tierra y
de las cosas, el surgimiento de un mundo nuevo, como si acabara de nacer
del caos primigenio, y que se ofrece a la vista antes de que el hombre haya
puesto en él sus puntos de referencia, haya atribuido nombres a los lugares,
antes de que el espíritu se haya apropiado de su extensión, haya construi-
do allí su morada, marcando su dominio del espacio mediante aquellos
grandes mapas murales que vemos en los interiores holandeses, cómodos
y mullidos refugios contra un mundo exterior que se presiente extraña
pero irreductiblemente inhuman. No es, como lo pretende Hegel, porque

Ahora, al comprender lo que une la pintura holandesa del Siglo de Oro a la historia en general y a la historia de la representación, comprendemos también que la pintura holandesa las trasciende: ¿cómo esta pintura puede hacer de la apariencia (*Schein*) una esencia?

> Lo que debe atraernos [en la pintura de género de los holandeses tardíos] no es el contenido y su realidad, sino la apariencia enteramente carente de interés respecto al objeto [*sondern das in Rücksicht auf den Gegenstand ganz interesselose Scheinen*]. Lo bello, por así decir, fija la apariencia [*das Scheinen*] como tal para sí, y el arte es maestría en la representación [*Darstellung*] de todos los secretos de la apariencia de los fenómenos externos que se profundiza en sí. El arte consiste particularmente en espiar con fino sentido al mundo dado, en su vitalidad particular y no obstante concordante con las leyes universales de la apariencia [*des Scheinens*], los rasgos momentáneos, de todo punto mudables, de su ser-ahí, y retener con fidelidad y verdad lo más fugaz. [...] [captar] lo sumamente pasajero y efímero, y hacerlo duradero para la intuición en su más plena vitalidad, es la difícil tarea de esta fase artística. Si el arte clásico configura en su ideal sólo lo sustancial, aquí se nos aherroja y lleva a la intuición la naturaleza cambiante en sus huidizas exteriorizaciones, una corriente de agua, una cascada, espumeantes olas marinas, una naturaleza muerta con el contingente fulgor de los vasos, de los platos, etc., la figura externa de la realidad efectiva espiritual [*die Aussengestalt der geistigen Wirklichkeit*] en las más particulares situaciones, una mujer que enhebra una aguja ante la luz, una emboscada de ladrones en un movimiento casual, lo más instantáneo de un ademán que rápidamente vuelve a encogerse, la risa y el sarcasmo de un campesino, en lo que son maestros Ostade, Teniers y Steen. Es un triunfo del arte

---

el mundo sensible haya sido conquistado y luego asimilado por el espíritu humano que puede convertirse en un modelo para el arte; por el contrario, es su radical extrañeza, la resistencia que opone al trabajo del concepto, el acto puro de su presencia fenoménica lo que hace de él un motivo para el pintor" (Jacques Darriulat, "La terre et les hommes", en Darriulat, Jacques, *La peinture hollandaise au siècle d'or*, 2018a. (El Énfasis me pertenece).

sobre la caducidad en el que lo sustancial se ve, por así decirlo, engañado respecto a su poder sobre lo contingente y fugaz.[19]

2. Realidad e iconología[20]

A pesar de su diversidad, las interpretaciones de la pintura holandesa del Siglo de Oro tienen un común denominador: el realismo;

---

19 *Hegel*, 1989, pp. 438-439; *Hegel*, 1970b, pp. 226-227. Véase lo que Hegel escribe al final del largo capítulo sobre la pintura, "La pintura holandesa y alemana" (Hegel, 1989, p. 643; Hegel, 1970b, pp. 129-130).

20 El término 'iconología' fue usado por primera vez por Cesare Ripa en su obra homónima (1593) con el sentido de un proyecto sistemático de análisis de las imágenes. En el prólogo Ripa indica que desea catalogar aquellas imágenes, y solo aquellas, que son producidas para *significar* algo más que lo que ellas mismas hacen *ver*. En su sentido moderno, el término "iconológico" fue usado por primera vez por Aby Warburg, en 1912, en su conferencia "Arte italiano y astrología internacional en el Palazzo Schifanoia de Ferrara" (Aby Warburg, "Arte italiano y astrología internacional en el Palazzo Schifanoia de Ferrara" (1912)", en Warburg, Aby, *El Renacimiento del paganismo. Aportaciones a la historia cultural del Renacimiento europeo*, Madrid, Alianza Editorial, 2005, p. 434). Según E. Panofsky, "La iconografía es la rama de la historia del arte que se ocupa del asunto o significado [*subject matter or meaning*] de las obras de arte, en contraposición a su forma" (Erwin Panofsky, *El significado en las artes visuales*, versión castellana de Nicanor Anochea, Madrid, Alianza Editorial, 1987, p. 45; Erwin Panofsky, *Meaning in the visual Arts*, New York, Anchor Books, 1955, p. 26). Panofsky propone tres niveles de significado de la obra de arte, al igual que de la vida ordinaria: el primero, el nivel preiconográfico, es un estadio sensible que consiste en la descripción del mundo de las formas puras. El segundo, el nivel iconográfico (significado convencional), "es el universo de los temas o conceptos específicos manifiestos en imágenes, historias y alegorías, en contraste con la esfera del 'asunto' primario o natural, expresado en motivos artísticos" (*Ibid*, p. 48; *Ibid*, pp. 29-30). El tercero, el nivel iconológico (significado intrínseco o contenido), es aquel en el que "el significado se aprehende investigando aquellos principios subyacentes que ponen de relieve la mentalidad básica de una nación, de una época, de una clase social, de una creencia religiosa o filosófica, matizada por una personalidad y condensada en una obra" (*Ibid*, p. 49; *Ibid*, p. 30). "Podría incluso decirse, desde luego de forma algo trivial, que hay tantos tipos de iconología como iconólogos. [...] Pero a pesar de toda su diversidad, todo estudio iconológico se refiere a la representación y al significado de lo que Panofsky llamaba "significado intrínseco" o "contenido" de una obra de arte" (Eddy de Jongh, "The Iconological Approach to Seventeenth-,

pero ¿qué es el realismo?[21] En 1876, Eugène Fromentin, artista y escritor, atribuye a la pintura holandesa del siglo XVII una suerte de vocación profunda; el pintor no tiene otra motivación diferente a una necesidad puramente artística de representar la realidad.

> La pintura holandesa, como pudo verse pronto, no fue y no podía ser más que el retrato de Holanda, su imagen externa, fiel, exacta, completa, semejante, sin embellecimiento alguno. [...] Ha llegado el momento de pensar menos, de bajar la mira, mirar más de cerca, observar mejor, y pintar tan bien como siempre, pero de otra manera. [...] En lo sucesivo, el genio consistirá en no juzgar nada de antemano, en no saber que se sabe, en dejarse sorprender por su modelo, en pedirle únicamente a él cómo quiere que se lo represente.[22]

Pero no parece darse cuenta de la contradicción que separa su nuevo comentario del anterior:

Century Dutch Painting", en Grijzenhout, Frans / Veen, Henk van (eds.) *The Golden Age of Dutch Painting in Historical Perspective*, translated by Andrew McCormick, Cambridge, Cambridge University Press, 1999, p. 204). Está claro, como lo veremos más adelante, que la "ambivalencia" y "polivalencia" de los motivos y significados iconográficos sigue siendo un asunto crucial para el campo de la iconología.

21   "El arte holandés del siglo XVII, en particular, lleva indeleblemente impreso el sello del «realismo». Es imposible estudiar este campo sin utilizar este término, aunque las discusiones que intentan entender con precisión qué significa «realismo» han ocasionado más confusión que comprensión, y merece la pena considerar la sugerencia de que deberíamos proscribir el término por completo" (Lyckle de Vries, "The Changing Face of Realism", en Freedberg, David & Vries, Jan de (eds.), *Art in history, History in art: studies in seventeenth-century Dutch culture*, Santa Monica, California, Getty Center for the History of Art and the Humanities, 1991, p. 209). Más que rechazar esta "etiqueta irritante [*irritating label*]" (*Ibid.*), De Vries considera que "Independientemente de cómo se defina el realismo, un componente del arte holandés siempre estará tipificado por este término. [...] el «realismo» no debería considerarse la característica principal del arte holandés; más bien, el hecho de que este arte se expresara en una serie de estilos, de los cuales el «realismo» parece ser el más conspicuo, determina su naturaleza" (*Ibid.*, p. 222).

22   Eugène Fromentin, *Les maîtres d'autrefois*, Paris, Éditions Plon et Cⁱᵉ, 1876, pp. 173-175.

Si excluimos a Rembrandt, que constituye una excepción tanto en su país como en otros lugares, en su época y en todos los tiempos, no veremos más que un estilo y un método en los talleres holandeses. Su finalidad es *imitar lo que es*, hacer amar lo que se imita, expresar con nitidez las sensaciones sencillas, vivas y exactas. [...] en este arte famoso por su positividad, en estos pintores célebres por ser en su mayoría copistas de cortos alcances, sentimos una altura y una bondad de alma, una ternura por lo verdadero, *una cordialidad por lo real*, que comunican a sus obras un precio que las cosas no parecen tener.[23]

Encontramos la misma contradicción en Théophile Thoré, llamado también Théophile Thoré-Bürger −el ciudadano [*Bürger*] Thoré− y después William Bürger, un comprometido activista republicano cercano al socialismo revolucionario de Saint-Simon, quien escribe, en 1860:

Todos los signos plásticos y todos los signos intelectuales coinciden en presagiar una transformación del arte europeo. Y el nuevo principio, en esta metempsicosis irresistible, es precisamente el principio del arte holandés: hacer lo que vemos y lo que sentimos. El resto depende del genio. [...] Los holandeses pintaron a sus compatriotas a la perfección. Lo que la *estética* les reprocha es solo su sinceridad: la primera cualidad del arte, sin embargo, ¡que se aplica a cualquier cosa![24]

---

23   *Ibid.*, pp. 178-179. (El énfasis me pertenece).

24   William Bürger, *Musées de la Hollande. II. Musée Van der Hoop, à Amsterdam et Musée de Rotterdam*, Paris/Bruxelles, Vᵉ Jules Renouard/Ferdinand Claassen, 1860, xiii-xiv. "Tal es el carácter de la escuela holandesa en su conjunto. La vida, *la vida viva*, el hombre, sus costumbres, sus ocupaciones, sus alegrías, sus caprichos" (William Bürger, *Musées de la Hollande. I. Amsterdam et La Haye. Études sur l'école hollandaise*, Paris/Bruxelles, Vᵉ Jules Renouard/Ferdinand Claassen, 1858. p. 322). La pintura holandesa fue "une especie de fotografía de su gran siglo XVII, hombres y cosas, sentimientos y hábitos, −los hechos y gestos de una nación entera" (*Ibid.*, p. 323). "Thoré-Bürger escribió que, en otras escuelas, hay una jerarquía. La Escuela Holandesa, sostuvo, es una panarquía. [...] El león, el águila, la mariposa, el perro, la violeta, el rubí y la esmeralda tienen todos iguales derechos en el universo, escribió Thoré-Bürger. A partir del siglo diecisiete hasta la época de Thoré-Bürger, la mayor parte de los teóricos y críticos

Si el arte holandés es el primero que "ha renunciado a toda imitación del pasado, y que se ha vuelto hacia algo nuevo"[25], lo nuevo consiste en que, a diferencia del arte italiano que es generalmente visto
como basado en ideas abstractas, el arte holandés es considerado por
Bürger y Fromentin como sustentado en la observación de la realidad.

> Rembrandt fue considerado como una de las principales fuentes
> del realismo contemporáneo en la década de 1850 y, como todos
> lo sabemos, este realismo, en primer lugar, tuvo la intención de
> ser un ataque contra el ejemplo clásico institucionalizado y fue
> experimentado como tal, aspirando a reproducir la vulgaridad
> de la vida moderna en lugar de trabajar en la interminable
> recreación de la grandeza antigua [...] Encontramos que Thoré
> explica que Rembrandt no estaba interesado en fábulas de
> la antigüedad. El puñado de mitologías que pintó afirma el
> gran crítico francés, solo tenía como propósito "burlarse de los
> antiguos dioses", y menciona el *Danae* y el *Ganimedes* como
> buenos ejemplos de esta presunta intención.[26] [IMAGEN 12]

Desde luego, en el horizonte de la *bataille réaliste* que, después de
las revoluciones de 1830 y 1848, se está librando en la Francia del
siglo XIX, no hay que olvidar ni la inconfundible influencia de Gus-

---

no habrían concebido ni aceptado nociones democráticas semejantes sobre
la pintura. Implícita o explícitamente, aceptaban una jerarquía de los tipos
de pintura cuando suscribieron el dogma de que la pintura debía instruir
tanto como complacer. El corolario de esta proposición es que los temas
de mayor calidad que pueden representar los artistas son los religiosos e
históricos. A continuación en esta jerarquía venían los retratos, luego los
paisajes, y las naturalezas muertas ocupaban el último lugar" (Seymour
Slive, "Realism and Symbolism in Seventeenth-Century Dutch Painting",
Daedalus, vol. 91, núm. 3, 1962, pp. 477-478).

25   William Bürger, *Musées de la Hollande. II. Musée Van der Hoop, à Am-
     sterdam et Musée de Rotterdam*, xv.

26   Hecht, Peter, "The Debate on Symbol and Meaning in Dutch Seventeenth-
     Century Art: An Appeal to Common Sense", *Simiolus: Netherlands Quar-
     terly for the History of Art*, vol. 16, núm. 2/3, 1986, pp. 186-187. "Mito-
     logías solo pintó una media docena, para burlarse de los antiguos dioses:
     ¡basta con ver su *Ganimedes*, de Dresde, y su *Danae*, de l'Ermitage en San
     Petersburgo!" (William Bürger, *Musées de la Hollande. I. Amsterdam et
     La Haye. Études sur l'école hollandaise*, p. 322).

tave Courbet, ni la trinidad de raza, momento y medio de Hyppolite Taine quien, en su *Philosophie de l'art des Pays-Bas* (1869), pretende establecer los antecedentes holandeses del *Zeitgeist* de los franceses en los años 1860.[27]

En *Arte e ilusión: estudio sobre la psicología de la representación pictórica*, uno de los libros más influyentes escritos durante el siglo XX sobre el tema del arte, Ernst Gombrich rechaza la noción de un *Zeitgeist* trascendente, o espíritu de la época, que crea la representación artística. En la Introducción a su libro pregunta: "¿Por qué diferentes épocas y diferentes naciones han representado el mundo visible de modos tan distintos?".[28] Cuando un artista pinta un cuadro, no

---

27   "Sin duda, el realismo es relativo por su propia naturaleza, y sus definiciones críticas ciertamente han cambiado desde el siglo XIX, cuando muchas de las presuposiciones que durante largo tiempo dominaron la historia del arte holandés quedaron grabadas por primera vez en piedra. Pero cuando los estudiosos revisionistas de hoy acusan a sus predecesores de imponer paradigmas decimonónicos al arte del siglo XVII, a menudo se ocupan del realismo de los críticos, como un escritor a otro, más que del de los propios pintores. Los primeros apologistas, como Thoré-Bürger y Fromentin, que veían los cuadros holandeses como simples «fragmentos de vida [*slices of life*]», fieles espejos de un mundo visto, sin duda pasaron por alto los símbolos ocultos que ya no figuraban en el discurso realista de su época. Pero considerar su versión del realismo sencillamente como una extensión de la estética presuntamente positivista de los impresionistas es malinterpretar el alcance del arte de estos últimos y los imperativos más amplios del realismo como modalidad visual" (David R. Smith, "Realism and the Boundaries of Genre in Dutch Art", *Art History*, 32 (1), 2009, p. 82). Para Hecht, "Théophile Thoré –aquel gran crítico y *connaisseur* del siglo diecinueve–, cuyo interminable elogio del presunto realismo en el arte holandés ha sido, probablemente, el obstáculo más eficaz interpuesto entre la historia del arte moderno y una comprensión apropiada de los objetivos originales de la pintura en la Holanda del siglo diecisiete" (Peter Hecht, "The Debate on Symbol and Meaning in Dutch Seventeenth-Century Art: An Appeal to Common Sense", pp. 174-175). "La pintura de género holandesa rara vez, si alguna vez lo hace, puede considerarse como una pintura que fiel y, mucho menos fotográficamente, reproduzca fragmentos de la vida cotidiana [*slices of daily life*], como alguna vez fueron tan inocentemente llamados" (Peter Hecht, "Dutch Seventeenth-Century Genre Painting: A Reassessment of Some Current Hypotheses", *Simiolus: Netherlands Quarterly for the History of Art*, vol. 21, núm. 1/2, 1992, p. 86).

28   Ernst H. Gombrich, *Art and Illusion. A Study in the Psychology*, *op. cit.*, p. 3.

parte de lo que ve, sino de una idea, o concepto, lo que Gombrich
llama un "esquema":

> El esquema no es el producto de un proceso de "abstracción" o
> de una tendencia a "simplificar": representa la primera categoría
> aproximada y suelta [*loose*] que se ajusta progresivamente para
> adaptarse a la forma que debe reproducir. [...] [N]o se puede
> crear una imagen fiel a partir de la nada [*out of nothing*].[29]

Gombrich afirma en el segundo capítulo, "La verdad y el estereo-
tipo", de la Primera parte de su libro, "Los límites de la semejanza":

> El estilo, al igual que el medio, crea una disposición mental
> [*mental set*] por la cual el artista busca, en el escenario que lo
> rodea, ciertos aspectos que puede plasmar. La pintura es una
> actividad, por lo que el artista tenderá a ver lo que pinta en
> lugar de pintar lo que ve.[30]

---

29   *Ibid.*, pp. 74-83. "Tenemos que disponer de un punto de partida, un criterio
de comparación, para iniciar aquel proceso de hacer y comparar [*making
and matching*] y rehacer que finalmente queda encarnado en la imagen
acabada" (*Ibid*, p. 312) –conviene aclarar que "*to match*" es algo más que
"comparar": es como correlacionar, hacer coincidir, hacer corresponder.
"Todas las representaciones se basan en esquemas que el artista aprende a
utilizar. [...] El requerimiento de "copiar las apariencias" carece realmente
de sentido a menos que al artista se le dé primero algo que deba transfor-
marse en otra cosa" (*Ibid*, p. 313). "Las apariencias representadas sin la
ayuda de convenciones y esquemas son siempre ambiguas. Es necesario
hacer distorsiones y ajustes" (Seymour Slive, *op. cit.*, p. 471). Gombrich
insiste a lo largo del libro en la importancia del proceso de hacer y comparar
[*making and matching*]: "Sostengo que el hacer vendrá siempre antes de
comparar, la creación antes de la referencia" (*Ibid*, p. 99; véase, también,
p. 116; p. 295; p. 313; p. 320). Su alumna, Svetlana Alpers, prefiere usar
la forma verbal "*picturing*" en lugar del sustantivo "*picture*": lo hace para
"llamar la atención sobre la acción de producir imágenes [*making of images*] más que sobre el producto acabado; para subrayar la inseparabilidad
entre el artífice, la representación y lo representado [*maker, picture, and
what is pictured*]; [...]" (Svetlana Alpers, *The Art of Describing. Dutch Art
in the Seventeenth Century*, Chicago, The University of Chicago Press,
1983, p. 26; véase, también, Svetlana Alpers, "Picturing Dutch culture", en
Franits, Franits (ed.), *Looking at Seventeenth-Century Dutch Art: Realism
reconsidered*, Cambridge, Cambridge University Press, 1997, pp. 57-67.

30   Ernst H. Gombrich, *op. cit.*, pp. 85-86. "Los límites de la semejanza impuestos por el medio y por el esquema, las conexiones en la formación

Así las cosas,

> Todas las discusiones sobre la realidad [...] adolecen de una definición insuficiente. Cada uso de la palabra se basa en una comprensión diferente. Se parte por lo general de la concepción decimonónica de la realidad formulada a través de la literatura y la erudición literaria, que se refiere a la representación de lo visible. Es debatible si este concepto se aplica también al siglo XVII. En aquella época, por ejemplo, se tenían concepciones muy diferentes de los bocetos realizados a partir de la naturaleza (*naer het leven*, a partir del modelo vivo) [...].[31]

Mariët Westermann[32] señala la importancia de dibujar "*Naer het leven*", del natural, *ad vivum*, como en el caso de Jan van Goyen (1596-1656), uno de los principales pioneros de la pintura realista de paisajes en los Países Bajos, cuyos bocetos –más de un millar se han conservado–, realizados mientras viajaba por el país, servían a menudo de preparación para las pinturas elaboradas posteriormente en el taller. Ahora, si Jan van Goyen dibujaba "*Naer het leven*", pintaba "*Uyt den geest*", a partir de la mente y de la imaginación. Lejos de oponerse, dibujar "*Naer het leven*" y pintar "*Uyt den geest*" van juntos: se complementan.[33] Rara vez los pintores holandeses del siglo

---

de imágenes entre forma y función, y sobre todo el análisis del papel del espectador [*the beholder's share*] en la resolución de ambigüedades, son imprescindibles para hacer plausible la escueta afirmación de que el arte tiene historia porque *las ilusiones del arte no son sólo el fruto, sino los instrumentos indispensables del artista para el análisis de las apariencias*" (*Ibid*, pp. 29-30. El énfasis me pertenece).

31   Konrad Renger, "On the history of research concerning the interpretation of Dutch painting", en Franits, Wayne (ed.), *Looking at Seventeenth-Century Dutch Art: Realism reconsidered*, Cambridge, Cambridge University Press, 1997, p. 13.

32   Mariët Westermann, *A Wordly Art. The Dutch Republic 1585-1718*, pp. 71-73.

33   "Mientras que *naer het leven* se refiere a todo cuanto es visible en el mundo, *uyt den geest* se refiere a las imágenes del mundo almacenadas en la memoria" (Svetlana Alpers, *The Art of Describing. Dutch Art in the Seventeenth Century*, p. 40). "Lo que es tan característico [de pintar "*Uyt den geest*"] es que los resultados casi siempre producen una impresión natural" (Eddy de Jongh, "Realism and seeming realism in seventeenth-century Dutch painting" (1971), en Franits, Wayne, (ed.), *Looking at Seventeenth-Century*

XVII hacían sus composiciones *ad vivum*. La mayoría de los artistas debe haber trabajado como lo hace Michiel van Musscher en *"Pintor en un estudio"*. [IMAGEN 13]

Tradicionalmente identificado como Willem van de Velde el joven, el pintor retratado, especializado en marinas, transforma en una composición acabada en su estudio los dibujos preliminares de navíos hechos al aire libre y esparcidos ahora en el piso.[34]

> El trabajo *naer het leven* constituyó un paso importante en la génesis de las obras de arte: todos los teóricos estuvieron de acuerdo en este punto. [...] En el proceso creativo que tomó el estudio de lo real como su punto de partida, se cambiaron los acentos, se intensificaron los contrastes, se inventaron las combinaciones y se manipularon los modelos. Se utilizaron fragmentos de realidad como material para una ilustración interpretativa de esta realidad.[35]

Dutch Art: Realism reconsidered, Cambridge, 1997, p. 28). Aparte de la distancia que hace que tanto cuadros como esculturas, u obras en general, ganen en verdad y en fuerza cuando son un boceto, los bocetos expresan la idea en unos pocos rasgos, a veces mejor que una obra acabada. El acabado cuidadoso delata al artista que obedece a la tradición y a la costumbre.

34   Véase, también, "El pintor en su estudio" (1663) de Adriaen van Ostade (1610-1685), óleo sobre roble, 38 x 35.5 cm, Dresden, Staatliche Kunstsammlungen, en el que el artista tiene un boceto colgado del atril por una cuerda y bocetos en el piso.

35   Lyckle de Vries, *op. cit.*, p. 221. "[U]na representación no es nunca una réplica. Las formas del arte, antiguo y moderno no son duplicados de lo que el artista tiene en la mente, como no son duplicados de lo que ve en el mundo exterior. En ambos casos son transposiciones a un medio adquirido, a un medio desarrollado por la tradición y la habilidad, la del artista y la del contemplador" (Ernst H. Gombrich, *op. cit.*, *Art and Illusion. A Study in the Psychology of Pictorial Representation,* p. 314). Con todo, compartimos la siguiente afirmación de Franits: "Las pinturas holandesas y flamencas no son puramente miméticas: de hecho, son construcciones de la realidad. Sin embargo, [...] la capacidad de un artista para reproducir un efecto de realidad convincente [*a convincing reality effect*] se basa lógicamente en su capacidad previa para reproducir la realidad miméticamente como, por ejemplo, atestiguan una miríada de dibujos de estudio que se conservan" (Wayne Franits, "Between Positivism and Nihilism: Some Thoughts on the Interpretation of Seventeenth-Century Dutch Paintings", *Theoretische geschiedenis*, Jaargang 21, Nummer 2, 1994, p. 142).

El proceso artístico de pintar un cuadro *"Uit den geest"* plantea una pregunta: ¿puede considerarse realista una composición imaginada y creada por el artista? El pintor es un intermediario subjetivo que transporta la apariencia de un objeto sobre el lienzo. Hacer una pintura es un proceso creativo en el que la realidad puede ser modificada para adaptarse a las ideas estéticas del artista. Su intervención en la "copia" de la realidad sobre el lienzo es, por tanto, un aspecto determinante en la pintura y su "realismo".[36]

---

36   "[L]a reproducción de la realidad en muchas de las pinturas holandesas es menos confiable de lo que se creía hasta hace poco, porque lo observado estaba manipulado en la reproducción artística" (Lyckle de Vries, *op. cit.*, p. 223). El realismo depende también de la técnica: "Varios medios pictóricos que significan "lo real" dependen claramente de una habilidad exquisita" (Mariët Westermann, *A Wordly Art. The Dutch Republic 1585-1718*, p. 88). Un buen ejemplo son los dos retratos de Descartes pintados por Frans Hals: es el mismo Descartes, pero es diferente. Sendos cuadros, óleos sobre tela, pintados probablemente en 1649, que se exhiben en el *Louvre* y en el *Statens Museum for Kunst* de Dinamarca, en Copenhague, representan innegablemente la misma persona en una postura idéntica, pero, por su técnica, el retrato de Copenhague parece más "real" que el del *Louvre*. "El cuadro no tiene el acabado del retrato parisino. Donde el lienzo del Louvre tiene una superficie fina y lisa, el panel de Copenhague es basto. La pintura se maneja con rudeza, y en algunos lugares parece haber sido aplicada con un pincel grueso o colocada como un empasto. El rostro del que posa tiene la misma expresión escéptica, pero esta vez está esculpido con muchas pinceladas cortas y visibles, y discretos toques de color en capas sin mezclar, en lugar de estar dibujado con cuidado. Los rasgos del rostro de Descartes y los detalles de su ropa en este retrato parecen haber sido pintados rápidamente, y la obra en su conjunto podría ser confundida con un boceto en lugar de una composición terminada" (Steven Nadler, *The Philosopher, the Priest, and the Painter. A portrait of Descartes*, Princeton and Oxford, Princeton University Press, 2013, p. 3; véase Jean-Paul Margot, "Una lectura iconográfica de Descartes", *Ideas y valores*, 72 (182), 2023b, pp. 105-107). La técnica de pintura a veces tosca de Hals y de Rembrandt, con trazos audaces y brochazos vivos, da una sensación de espontaneidad y de vida, y puede llegar a ser más realista que la técnica fina de Dou o de Van Mieiris –oriundos de Leiden, renombrado centro de *fijnschilders* (pintores finos o exquisitos)– con su técnica meticulosa y elegante, y sus composiciones más estudiadas, idealizadas y académicas. "Desde finales del siglo XVII, Rembrandt y Dou fueron considerados los principales representantes de los dos tipos tradicionales de pintura distinguidos hace mucho tiempo por Horacio. Dou era el mo-

La confusión constante sobre el realismo en la pintura holandesa –¿se trata de una cuestión de estilo o iconografía, o ambos
y, de ser así, el deseo evidente de una imitación perfecta impide
una preocupación por el significado, reduciendo el sentido del
arte holandés exclusivamente a una preocupación por la representación?– [...] El interés manifiesto por las apariencias bien
reproducidas no debe engañarnos y llevarnos a pensar que la
representación es idéntica al significado en el arte holandés, y
tampoco debemos jamás olvidar que la realidad en estos cuadros
del siglo diecisiete es, en gran medida, el trabajo de la imaginación del artista, cuidadosamente fabricada en el estudio.[37]

David R. Smith sostiene que lo que llamamos "realismo" se ha expresado en la obra de arte a través del proceso creativo del artista. En
lugar de un aspecto más tangible como el tema, el estilo o la ejecución
de una pintura, el "realismo" es un modo de pensamiento artístico:

[E]l realismo como modo artístico abarca necesariamente dimensiones de la realidad que no son exclusivamente visuales.
Estos "excedentes [*surpluses*] de realidad" explican en gran medida la mutabilidad y las ambigüedades del arte holandés del
siglo XVII.[38]

Para Smith la aparición de las escenas de género y de los nuevos
géneros en general en el siglo XVII está de alguna manera relacionada
con la percepción de la realidad por parte del artista: "La expansión
de las categorías genéricas es un signo de que [...] las percepciones de
la realidad por parte del artista superan la capacidad de los géneros
establecidos".[39] Los artistas encontraron un "excedente" de realidad

---

delo de la técnica fina y «pulcra» [*smooth and «neat»*] y Rembrandt de la
técnica tosca [*rough*] y «libre»" (Jan Emmens, "A Seventeenth-Century
Theory of Art: Nature and Practice", en Franits, Wayne (ed), *Looking at
Seventeenth-Century Dutch Art: Realism reconsidered*, Cambridge, Cambridge University Press, 1997, p. 15).

37   Peter Hecht, "The Debate on Symbol and Meaning in Dutch Seventeenth-
       Century Art: An Appeal to Common Sense", pp. 174; 185.

38   David R. Smith, *op. cit.*, p. 79.

39   *Ibid.*, p. 78.

que no se ajustaba a los géneros ya existentes y, por lo tanto, se inventaron nuevos géneros —"contra-géneros"[40], o "géneros mixtos".[41]

Por su simbolismo oculto, estas pinturas de género crean inversiones irónicas de los significados sociales de la retratística, sugiriendo que hay pensamientos inmorales detrás de las fachadas formales de las figuras representadas. […] Un ejemplo especialmente adecuado de la convergencia entre la pintura de género y la retratística y las ironías que podía producir en el arte holandés tardío del siglo diecisiete es *Matrimonio en un interior* de Eglon Hendrik van der Neer pintada alrededor de 1675. Hasta 1963, fue tomada por el simple retrato de una rica pareja casada, cuyo entorno elegante atestiguaba los gustos cada vez más lujosos de la élite holandesa de clase media. En el transcurso de una limpieza de rutina realizada aquel año, sin embargo, el paisaje sobre la chimenea, tentadoramente firmado "JRuisdael", desapareció dramáticamente, revelando una escena por completo diferente de *Venus y Cupido*. Aun cuando este tema podría transmitir nobles asociaciones con el amor, la belleza, o incluso la fidelidad conyugal en el humanismo renacentista, está evidentemente fuera de lugar en el retrato de un matrimonio holandés, pues resulta poco adecuado como imagen de la virtud doméstica. Bien sea que el moralista que ordenó cambiar a *Venus y Cupido* por el paisaje pensara —o quisiera pensar— que *Matrimonio en un interior* era un retrato, Van der Neers debió tener la intención de representarlo como una pintura de género. Pues es únicamente allí donde la pintura erótica encuentra un lugar tan prominente en las paredes de los interiores holandeses.[42] [IMAGEN 14]

---

40   David R. Smith, "Irony and Civility: Notes on the Convergence of Genre and Portraiture in Seventeenth-Century Dutch Painting", *The Art Bulletin*, vol. 69, núm. 3 (Sep.), 1987, p. 408.

41   David R. Smith, "Realism and the Boundaries of Genre in Dutch Art", p. 78.

42   David R. Smith, "Irony and Civility: Notes on the Convergence of Genre and Portraiture in Seventeenth-Century Dutch Painting", pp. 407-411. "La retratística era la principal manera como la sociedad holandesa constituía al individuo; […] La persona ideal variaba con factores tales como la con-

3. Eduard de Jongh y el "realismo aparente"

Las bases de la rama de la historia del arte que se ocupa del contenido de las imágenes (iconografía) y de su significado (iconología), se sentaron cuando Aby Warburg adoptó un enfoque del arte distinto del estético o estilístico habitual. El objetivo principal del círculo Warburguiano no es el arte holandés, sino más bien el italiano o, en el mejor de los casos, con Panofsky, el arte neerlandés temprano. Siguiendo a Cassirer, Panofsky considera los motivos artísticos, las imágenes y las alegorías, como "formas simbólicas", equivalentes simbólicos de la realidad construidos por el intelecto. Panofsky introduce la idea de un "simbolismo disfrazado [*disguised symbolism*]"[43] para señalar cómo unas representaciones aparentemente realistas de objetos y motivos cotidianos pueden tener un significado simbólico. Exactamente un siglo después de la publicación del libro de Frometin, la motivación de los pintores holandeses del siglo XVII es otra: De Jongh sostiene que la intención de los pintores holandeses es "instruir y deleitar [*to instruct and delight*]"[44]. De Jongh cree que las aparien-

---

dición social, el género, la situación conyugal, el interés profesional y la denominación religiosa. Las cualidades predilectas en la retratística de la élite ciudadana incluían la fortaleza moral, la moderación, la cultura, la elocuencia, la elegancia social, y la fidelidad al cónyuge, la profesión y la ciudad" (Mariët Westermann, *A Wordly Art. The Dutch Republic 1585-1718*, p. 150).

43   Erwin Panofsky, *Early Netherlandish Painting. Its origins and character*, Cambridge, Massachusetts (reprint of 1953 ed.), Harvard University Press, 1966, pp. 140-144. Según Panofsky, "[L]o que puede llamarse simbolismo oculto o disfrazado, en oposición al simbolismo abierto u obvio [...] surgió [...] en el Trecento italiano" y se perfeccionó en los Países Bajos (*Ibid.*, pp. 141-142).

44   En un artículo publicado originalmente como una introducción al catálogo de la exhibición *Tot lering en vermaak* en el Rijksmuseum de Amsterdam, en 1976, De Jongh escribe: "El siglo diecisiete puede ser tímido para revelar los secretos de su arte, pero es transparente como un cristal sobre sus objetivos. Además de ofrecer a los artistas un medio de vida, la pintura servía para instruir y deleitar a la humanidad" (Eddy de Jongh, "To instruct and delight", en Jongh, Eddy de, *Questions of Meaning. Theme and Motif in Dutch Seventeenth-Century Painting*, translated and edited by

cias en el naturalismo holandés solo sirven para disfrazar realidades simbólicas, y aplica el principio del "simbolismo disfrazado" *mutatis mutandis* al arte holandés del siglo XVII, particularmente a las pinturas de género;[45] modifica el método de la iconología e introduce

Michael Hoyle, Leiden, Primavera Pers, 2000, 1976, p. 100). Comentando este catálogo, Westermann escribe: "El problema residía en que, a pesar de referencias ocasionales a la diversión que sus contemporáneos derivaban de investigar bromas subidas de tono y metáforas ingeniosas, el catálogo y sus muchas emulaciones parecían enfatizar la enseñanza, de un tipo moral bastante puritano [*prim moral*], más que el deleite" (Mariët Westermann, "After Iconography and Iconoclasm: Current Research in Netherlandish Art, 1566-1700", *The Art Bulletin*, vol. 84, núm. 2, 2002, p. 353). Seymour Slive usa la misma expresión en un excelente artículo en 1962, pero en un sentido asaz diferente: "Mientras el hombre creyó que la pintura digna de seria consideración debía representar temas nobles que instruyen tanto como deleitan, y que los grandes artistas son aquellos que idealizan al hombre y a la naturaleza, la pintura del siglo diecisiete fue considerada como un tipo de arte inferior. Solo cuando estas nociones fueron exitosamente cuestionadas por los artistas y críticos del siglo diecinueve se consideró a la pintura holandesa como una importante contribución al legado artístico de la humanidad. Fue posible entonces que un cuadro como la pintura de tamaño natural de Paulus Potter "*The Young Bull*" se convirtiera en uno de los cuadros más famosos y admirados del mundo" (Seymour Slive, *op. cit.*, p. 469). El método iconólogo está profundamente arraigado en la tradición humanista del saber clásico: "instruir y deleitar" deriva del latín "*docere et delectare*": "se ha llevado todo el voto el que mezcló lo útil a lo agradable [*Omne tulit punctum qui miscuit utile dulci*]" (Horacio, *Sátiras. Epístolas. Arte poética*, introducciones, traducción y notas de José Luis Moralejo, Madrid, Gredos, 2008: *Arte poética*, verso 343). La identificación de una estrecha conexión entre las fuentes textuales y visuales fue un pilar de la teoría clasicista, que se refería con frecuencia a la idea de la "sororidad" de la palabra y de la imagen expresados en el dictum de Horacio: "Cual la pintura, tal es la poesía [*ut pictura poesis*]" (*Ibid*, verso 361).

45   "Las obras de género son escenas que nos parecen como si fueran tomadas de la vida cotidiana, descripciones de situaciones como *habrían* podido ser, pero de hecho fueron *compuestas* en el estudio del artista. No son nunca registros espontáneos de un momento. El pintor de género del siglo diecisiete no salía a capturar «un fragmento de vida». Imitaba la vida a través del artificio y, por lo general, no representaba a personas reales sino *dramatis personae*: tipos y caracteres" (Eddy de Jongh, "To instruct and delight", p. 85). "En el siglo diecisiete la pintura de género fue designada más precisamente por temas, como «alegre compañía», «feria campesina», «Carnaval», y «fumador». La mayoría de los tipos de pintura pueden ser subdivididos aun más: el paisaje incluye escenas de patinaje, vistas

la expresión "realismo aparente [*Schijnsrealisme*]", en lugar del "simbolismo disfrazado" de Panofsky, para referirse a "representaciones que, si bien imitan la realidad en términos de forma, transmiten al mismo tiempo una abstracción realizada".[46]

A diferencia de Fromentin, para quien "[L]a escuela [holandesa] que se ha ocupado más exclusivamente del mundo real parece ser la que más ha ignorado el interés moral; [...]"[47], De Jongh recuerda, en 1995:

> Aquello que me inquietaba veinticinco años atrás, y aún lo hace hoy en día, es reconocer el hecho de que ciertos objetos o motivos en las pinturas del siglo diecisiete cumplen a me-

---

italianizantes, paisajes marinos y retratística que abarca retratos de una persona y también de grupos, por ejemplo. Aun cuando estas definiciones son siempre un poco artificiales, los pintores y dueños del siglo diecisiete parecen haber trabajado en términos similares. Las reglas no escritas de cierto género pueden ayudar al espectador moderno a comprender qué tan convencional o innovadora era una pintura y, de esta manera, abrir caminos para su interpretación" (Mariët Westermann, *A Wordly Art. The Dutch Republic 1585-1718*, p. 40). Algunos dicen que el término "género", que viene del francés "*genre*", es decir, manera, modo, aparece por primera vez en los *Essais sur la peinture* de Diderot (1766), para diferenciar la "*peinture d'histoire*" de la "*peinture de genre*".

46   Eddy de Jongh, "Realism and seeming realism in seventeenth-century Dutch painting", p. 21. Este artículo fundacional del método del "realismo aparente" fue publicado originalmente en neerlandés en 1971. "Para efectos de este artículo, el realismo se define como si significara «el reflejo de la realidad»" (*Ibid.*). "Realismo aparente [*Schijnsrealisme*]", o "mera apariencia de realismo": "el término "realismo aparente" se utiliza aquí a falta de uno mejor" (*Ibid.*, p. 206, nota 3). "El punto principal que estaba intentando hacer en 1971 y que todavía defiendo, es que los objetos, en especial en las pinturas de género, son con frecuencia polivalentes; aun cuando funcionan como los objetos reales que vemos, simbolizan a la vez otra cosa, por lo general un concepto abstracto" (*Ibid.*, p. 55). "Para un historiador del arte entrenado en la tradición warbugiana, este método parecería tan antiguo como la historia del arte misma, pero era una novedad para la historia de la pintura holandesa" (Mariët Westermann, "After Iconography and Iconoclasm: Current Research in Netherlandish Art, 1566-1700", p. 352; véase también Mariët Westermann, "Taking Dutch Art Seriously: Now and Next?", p. 260).

47   Eugène Fromentin, *op. cit.*, p. 204.

nudo una doble función. Funcionan como cosas concretas, observables, mientras que, al mismo tiempo hacen algo por completo diferente, esto es, expresan una idea, una moraleja, una intención, una broma o una situación".[48]

Las pinturas tienen unos significados culturalmente determinados que pueden descifrarse por referencia a sistemas semióticos textuales y más frecuentemente a aquellos de origen emblemático.[49] Una amplia

---

48 Eddy de Jongh, *Questions of Meaning. Theme and Motif in Dutch Seventeenth-Century Painting*, translated and edited by Michael Hoyle, Leiden, Primavera Pers, 2000, p. 16. "Una de las tareas más importantes de la iconología, aquella rama de la historia del arte que se ocupa específicamente de las imágenes y sus significados, es definir los límites de la posibilidad en lo que se refiere a la interpretación y la comunicación" (Eddy de Jongh, "The Broom as Signifier: An Iconological Hunch", en Jongh, Eddy de, *Questions of Meaning. Theme and Motif in Dutch Seventeenth-Century Painting*, translated and edited by Michael Hoyle, Leiden, Primavera Pers, 2000, p. 194). "Hace parte del trabajo del historiador del arte rastrear los significados de los artistas y, en un sentido más amplio, descubrir cómo entendían las imágenes los contemporáneos del artista. La escasez de documentación y las brumas del tiempo pueden hacer que resulte difícil llevar esta tarea a un término completamente satisfactorio y, sin embargo, plantear ciertas preguntas no es menos pertinente o necesario" (Eddy de Jongh, "Jan Steen, So Near and Yet So Far", en Chapman, H. Perry, Kloek, Wouter Th., Wheelock, Arthur K. Jr., *Jan Steen. Painter and Storyteller*, Washington: National Gallery of Art; Amsterdam, Rijksmuseum, 1996, p. 39). "No es mi intención aquí reconstruir una mentalidad histórica a través del arte del período [*sc.* el siglo XVII holandés], sino más bien al contrario, esto es, determinar las intenciones originales de los artistas a través de la mentalidad del siglo diecisiete. Se trata de un mundo de ideas del que nos informan mejor la literatura contemporánea y otros documentos escritos de lo que hacen las pinturas" ("Realism and seeming realism in seventeenth-century Dutch painting", p. 21). Por "mentalidad", De Jongh entiende "la *vida* de la época como se actualizaba en la calle, o en el salón, por decirlo así" (*Ibid.*). "La iconología es aquella rama de la historia del arte que busca explicar el contenido de las representaciones en su contexto histórico, en relación con otros fenómenos culturales y con ideas específicas; en otras palabras, ve las obras como vehículos de significado" (Eddy de Jongh, "The Iconological Approach to Seventeenth-Century Dutch Painting", p. 200).

49 "La palabra [*Emblemata*] viene del griego y denotaba originalmente la incrustación de mosaicos y el trabajo artesanal. A partir del siglo dieciséis, este término se ha aplicado a la asociación de formulaciones literarias con motivos visuales. Bajo un título [*motto* o *lemma*] aparece una pintura

gama de fuentes literarias y de otro tipo que se deleitaban con juegos
de palabras, metáforas y acertijos, señalan una "marcada preferencia
por el disfraz, el velo, la alegoría y la ambigüedad, en resumen por
todo lo enigmático".[50] De Jongh considera que el estilo de la pintura
holandesa del siglo XVII es "realista", aunque esto no es más que
una apariencia del verdadero objetivo de las pinturas, que es dar al
espectador instrucciones sobre la conducta moral: "La tendencia a
moralizar es verdaderamente omnipresente en este período".[51]

[*pictura* o *icon*], a la que se une un texto más largo [*epigramm, explicatio*,
o comentario]. Ninguna de las tres partes es comprensible por sí misma;
solo en conjunto producen un significado" (Konrad Renger, *op. cit.*, p.
11). Véase Eddy de Jongh, "Realism and seeming realism in seventeenth-
century Dutch painting", p. 206, nota 8. Uno de los primeros artículos en
los que De Jongh aplica su método "trata de varios emblemas y pseudo
emblemas relacionados en conexión con una serie de retratos holandeses
del siglo diecisiete. [...] Los cuatro emblemas que tengo en mente son todos variaciones sobre un único tema, un tema que no se da en ningún otro
lugar en la literatura emblemática, sino en las obras de Jacob Cats, el autor
holandés más popular del siglo diecisiete. En todos los cuatro emblemas, el
componente visual está formado por una mano que sostiene un racimo de
uvas por el tallo" (Eddy de Jongh, "Grape Symbolism in Paintings of the
16th and 17th Centuries", *Simiolus: Netherlands Quarterly for the History
of Art*, vol. 7, núm. 4, 1974, p. 166). Independientemente de las creencias
religiosas, este "accesorio simbólico" está relacionado con la virginidad y
la contención de los deseos carnales en la vida matrimonial.

50   Eddy de Jongh, "Realism and seeming realism in seventeenth-century Dutch
      painting", p. 21. "No se puede descartar que los pintores de género [...] a
      veces coqueteaban con la ambigüedad" (Eddy de Jongh, "The Broom as
      Signifier: An Iconological Hunch", p. 214).

51   Eddy de Jongh, "Realism and seeming realism in seventeenth-century
      Dutch painting", p. 21. Un cuarto de siglo después, De Jongh matiza su
      afirmación: "La prevalencia de la moralización en la pintura del siglo die-
      cisiete todavía me parece irrefutable. De hecho, se ha sostenido incluso
      que cada una de las imágenes de este período surgió de consideraciones
      éticas. No obstante, esta visión que todo lo abarca dice muy poco. Junto
      con las alusiones moralizadoras hay muchas otras en las que resulta im-
      posible detectar la más mínima huella de ellas, incluso para nuestros poco
      inocentes ojos. Formulé este punto en 1971, si bien de una manera más
      casual. Después de ulteriores deliberaciones, pareció prudente establecer
      una tercera categoría, y suponer que buena parte de la *pseudo moraliza-
      ción* se expresaba también visualmente durante este período" (*Ibid*, p. 55:
      Postscript. El énfasis me pertenece). En una conferencia pronunciada en

Un buen ejemplo de los "accesorios que explican algo de manera disimulada, y en ese sentido, un realismo aparente y finalmente moralizante"[52], es *The cloth shop* (1660) de Frans van Mieris el viejo (Leiden, 1635-1681).[53] [IMAGEN 15]

A primera vista, *The cloth shop*[54] representa el interior de una tienda de telas. Dos figuras ricamente ataviadas en el primer plano. Un oficial, que sonríe satisfecho de sí mismo, prueba la calidad de las telas con su mano izquierda mientras acaricia el mentón de una joven con la derecha. Ella alza la cabeza, lo mira a los ojos, y se inclina hacia él. Se trata de un encuentro erótico, un tema común entre los pintores holandeses de mitad del siglo XVII. Sin embargo, un examen más detenido de la pintura revela otros motivos. En el fondo de la tienda un anciano toscamente vestido está sentado –¿es el dueño de la tienda, o el padre de la joven?– y espera, pensativo, el desenlace del encuentro: ¿la venta de una tela, o de la joven? ¿Le preocupa la inmoralidad del intercambio entre la joven y el oficial, o

1987 expresa la misma idea: "las pinturas exhiben con frecuencia más que un rastro de pseudo moralidad, bien sea irónico o no. Es posible incluso que no haya preocupación por la moralidad en absoluto" (Eddy de Jongh, "Some notes on Interpretation" (1987), en Freedberg, David & Vries, Jan de (eds.), *Art in history, History in art: studies in seventeenth-century Dutch culture*, Santa Monica, California, Getty Center for the History of Art and the Humanities, 1991, p. 128). "En el transcurso del tiempo [...] he llegado a persuadirme [...] de que es más sabio en algunos casos hablar de pseudo moralidad. Esto se debe a que no toda moralización estaba destinada a tomarse con la misma seriedad. Más aun, hay pinturas en las que el ojo más crítico no puede detectar la menor huella de moralización. Es recomendable, entonces, un poco de restricción" (Eddy de Jongh, *Questions of Meaning. Theme and Motif in Dutch Seventeenth-Century Painting*, pp. 14-15).

52   Eddy de Jongh, "Realism and seeming realism in seventeenth-century Dutch painting", p. 24.

53   "Si calibramos correctamente el concepto del arte y del gusto contemporáneo en el siglo diecisiete, una pintura como la de Van Mieris *Oficial en una tienda de telas* debió haber sido el tipo de obra que satisfacía al espectador en ambos aspectos" (Eddy de Jongh, "To instruct and delight", p. 92).

54   Véase Angela Ho, "An invitation to compare Frans van Mieiris's "Cloth shop" in the context of early modern art collecting", *Renaissance Studies*, vol. 23, núm. 5, 2009, pp. 694-717.

es un alcahuete? Sobre esta figura de fondo cuelga una pintura que
representa a Adán y Eva llorando la muerte de Abel, un tema bíblico
sombrío que contrasta con el intercambio amoroso de la pareja. Es
en medio de las telas apiñadas encima de una mesa a la derecha del
cuadro que está el motivo que la mayoría de los iconólogos han pri-
vilegiado como clave interpretativa de la pintura. El pintor invita al
espectador a comprar y a comparar mediante la inscripción latina
parcialmente legible «comparat[ur?] cui vult» –donde el verbo "com-
parare" puede significar "comprar" o "comparar": "comprado para
quien lo quiera", o "hay comparaciones para quienes las quieran"[55]–
que explica el contenido moralizador del encuentro, es decir, por qué
el oficial sonríe mientras contempla hacer más de una compra por
su cuenta. Con todo, es posible también considerar que, nativo de
Leiden, F. van Mieris el viejo haya tenido la intención de promover la
reputación de su ciudad y de su reconocida industria textil. El tema
de una pintura como *The cloth shop* con su lujosa exhibición de rollos
de tela bien podría no haber sido más que un motivo atractivo para
que el artista lo explotara pictóricamente, con una composición que
consiste en una combinación artificial de motivos y significados, en
el espacioso interior de una tienda que no parece corresponder a un
modelo real.[56] De ser así, hay que analizar la pintura "en términos
de logro artístico".[57]

> Esto, desde luego, no significa negar que *La tienda de telas*
> sea también una pintura en la cual un oficial está intentando
> seducir a una joven, comparando la suavidad de su mentón

---

55   Wayne Franits, *Dutch seventeenth-century Genre Painting*, New Haven
     and London, Yale University Press, 2008, p. 127.

56   "[C]reo que incluso una pintura como *La tienda de telas* de van Mieris de
     1660 bien podría deber su propia ingeniosa iconografía a consideraciones
     de naturaleza artística en primer lugar, pues su entorno inusual ofrece una
     casi perfecta oportunidad al pintor de mostrar su incomparable técnica
     para reproducir diferentes tipos de tela" (Peter Hecht, "Dutch Seventeenth-
     Century Genre Painting: A Reassessment of Some Current Hypotheses",
     p. 89).

57   *Ibid*, p. 86.

con la suavidad de la seda que ella ha sacado para vender. Y si deseamos seguir con la comparación, como sugiere que deberíamos hacerlo el juego de palabras en latín que aparece en la pintura, podríamos entonces señalar la divertida diferencia entre el joven y elegante caballero y el viejo y desdichado gruñón que se encuentra en el fondo, quien, evidentemente, será el perdedor aquel día. Atribuir una moraleja a esta pintura, sin embargo, convertir en sermón esta "diversión", y hacer que se refiera al pecado original al identificarla con *El duelo de Abel* que se encuentra sobre la chimenea como la clave inequívoca de las intenciones más profundas de van Mieris –esto, creo, es llevar las cosas demasiado lejos. Ciertamente Van Mieris intentaba ser gracioso aquí [...] En *La tienda de telas* de van Mieris hay pocas cosas ocultas en lo que se refiere a su significado o a su mensaje.[58]

4. Svetlana Alpers y el arte de "describir"

No podemos ignorar los éxitos del método iconológico, pero tampoco podemos ignorar sus límites[59], y sus excesos: es falso suge-

---

58   *Ibid*, pp. 90-92.

59   El propio De Jong lo reconoce: "La iconología, a pesar de todos sus méritos, puede en ocasiones ser un «*ars ignorandi*»" (Eddy de Jongh, "Pearls of Virtue and Pearls of Vice", *Simiolus: Netherlands Quarterly for the History of Art*, vol. 8, núm. 2, 1975-1976, p. 69); "Dado que un conocimiento confiable del pasado solo es posible hasta cierto punto, la esencia y significado(s) de las obras de arte solo pueden ser parcialmente comprendidos" (Eddy de Jongh, "Some notes on Interpretation", p. 125). Véase también Eric J., Sluijter, "New Approaches in Art History and the Changing Image of Seventeenth-Century Dutch Art between 1960 and 1990", ", en Grijzenhout, Frans / Veen, Henk van (eds.), *The Golden Age of Dutch Painting in Historical Perspective*, p. 264. Gombrich tiene el mérito de hacer una serie de recomendaciones que debería seguir todo iconólogo en "Objetivos y límites de la iconología [*Aims and Limits of Iconology*]" –que sirve de "Introducción" a *Imágenes simbólicas. Estudios sobre el arte del Renacimiento*, el segundo de cuatro volúmenes dedicados al arte renacentista (Ernst H., Gombrich, *Symbolic Images. Studies in the Art of the Renaissance II*, Oxford, Phaidon Press, 1972; *Imágenes simbólicas. Estudios sobre el arte del Renacimiento*, Madrid, Alianza Editorial, 1986).

rir que todo, más o menos, significa algo, y que solo se puede ver pinturas en una *"clavis interpretandi"*. Las causas de la crisis de los estudios iconológicos[60] se pueden apreciar a la luz de dos afirmaciones de E. de Jongh, la una, en 1976, cuando se refiere a "lo «escurridizo» del trabajo iconológico"[61], la otra, en 1995, cuando reconoce que "la iconología no puede practicarse sin algún elemento de especulación".[62] Lo cierto es que *uno de los efectos de esta "crisis" es que el "realismo" cobra de nuevo vigencia.* David R. Smith, por ejemplo, se propone

> [r]eestablecer algo de profundidad de significado al "enojoso [*vexing*]" término "realismo". [...] A través de ese proceso, he llegado a tomar mucho más en serio la palabra misma "realismo", tanto como un rótulo estilístico y como un modo de pensamiento. Ahora me parece que representa un lenguaje artístico internamente coherente, transhistórico y transcultural, como el clasicismo o el arcaísmo.[63]

En su ensayo "Las caras cambiantes del realismo", L. de Vries escribe:

> [A]quello que podríamos llamar el "síndrome realista" puede reconocerse en mayor o menor medida en muchas pinturas. Es un complejo de características estilísticas desarrollado en conexión con la búsqueda de lo pintoresco; más aun, está muy relacionado con un estilo narrativo, así como con una manera de presentar el contenido iconográfico característico de las

---

60 "A pesar de la existencia de muchos estudios iconológicos excelentes (cuyo mejor ejemplo es la propia obra de De Jongh), el método, sin embargo, se aproxima rápidamente a un estado de crisis, pues sus logros pasados se critican cada vez con mayor vigor, al punto que su supervivencia en una forma futura inalterada ya no está asegurada" (Wayne Franits, "Between Positivism and Nihilism: Some Thoughts on the Interpretation of Seventeenth-Century Dutch Paintings", p. 129).

61 Eddy de Jongh, "To instruct and delight", p. 93.

62 Eddy de Jongh, *Questions of Meaning. Theme and Motif in Dutch Seventeenth-Century Painting*, p. 19.

63 David R. Smith, "Realism and the Boundaries of Genre in Dutch Art", pp. 78-82.

pinturas de género. Todos los elementos están orquestados para dar la impresión de que lo que se representa no es el dramático punto culminante de un acontecimiento excepcional, sino un momento relativamente arbitrario tomado de un incidente de la vida cotidiana. Las figuras pintadas actúan sin drama o énfasis. La representación del espacio, la composición, y la ubicación de las figuras subrayan la impresión de coincidencia. El entorno, los vestidos y otros atributos indican situaciones con las que está familiarizado el espectador.[64]

Para De Vries, "sería mejor hablar de un arte "didáctico" que de un arte «moralizante»".[65] En un artículo publicado originalmente en

---

64   Lyckle de Vries, "The Changing Face of Realism", p. 225. "He llegado a las siguientes conclusiones tentativas. El arte «realista» favoreció temas tomados del entorno inmediato del espectador, que incluyen las visiones estandarizadas de lo común y lo crudo conocido por la literatura y el teatro. Estos temas eran utilizados con frecuencia con fines didácticos. Debido al uso de ejemplos, el contenido moralizante no se presentaba abiertamente, sino que se esperaba más bien que estuviera implícito en la imagen. Esto estaba acompañado por unas maneras narrativas poco enfáticas, y por un modo apropiado para la farsa y la comedia; una forma más o menos cruda del humor se consideraba apropiada. La idea de que no se requería que el artista copiara la realidad, sino que debía más bien confrontar el mundo existente con una nueva realidad derivada de su espíritu creativo era considerada válida, tanto para los artistas «realistas» como para aquellos que adoptaban otros estilos. Para la creación de esta nueva «realidad», los artistas no se inclinaban tanto a idealizar como a buscar lo pintoresco. Su estilo facilitaba una presentación poco enfática del tema. Finalmente, intentaban conseguir una reproducción convincente de la textura" (*Ibid*, p. 227).

65   *Ibid*, p. 214. "La pintura no desempeñó un papel preponderante en la campaña en favor de los valores éticos y las reglas de conducta «modernos». Esta concepción moderna se detecta inicialmente en la literatura, el teatro, la poesía *rederijker* (poesía escrita por asociaciones de retóricos) y las canciones populares satíricas" (*Ibid*, pp. 214-215). "La concepción de la moralidad forma parte de la Realidad en la vida cotidiana en la representación habitual de lo ordinario" (Konrad Renger, *op. cit.*, p. 14). "[D]ebería ser obvio que muchas pinturas holandesas, y aun más, muchos grabados, filtran la percepción del ojo a través de los lentes de la sensibilidad moral" (Simon Schama, *The Embarrassment of the Riches. An interpretation of Dutch Culture in the Golden Age*, New York, Vintage Books, 1997, p. 10). Esto no excluye que la obra de arte pueda asumir un papel ejemplar como imagen de "verdad" moral.

1988, E. J. Sluijter critica el método iconológico. Puede que lo que se representa en estas pinturas no tenga mucho sentido hoy, pero de ninguna manera está oculto, como sostienen los iconólogos. Representan ciertos estereotipos y símbolos, a los que los espectadores contemporáneos están acostumbrados. Para ellos, las pinturas no presentan enigmas ni símbolos ocultos, sino más bien objetos –con sus connotaciones correspondientes– que encuentran en la vida cotidiana. El modelo, tanto para el pintor como para el espectador, es la realidad misma. Sin embargo, la intención de los artistas no es representar exactamente la realidad tal como es. La idea de "realidad fotográfica", como la llama Sluijter, es una invención del siglo XIX que todavía hoy utilizamos para contemplar las obras de arte y decidir si las llamamos o no "realistas". Los artistas del siglo XVII eran selectivos y lo que representaban eran escenas artificiales, pero lo hacían de forma realista para comunicar su mensaje. El artista tenía, pues, que esforzarse por lograr imágenes que parecieran "casi reales".[66]

> Solo puedo rechazar la idea de que todo el arte holandés del siglo diecisiete debía ser leído simbólicamente, escribe Hecht, y no consigo ver por qué su presunto significado debería estar oculto para servir este propósito estético y didáctico del que no hablan nunca las fuentes contemporáneas. [...] es posible que valga la pena intentar descubrir en qué medida la pintura holandesa del siglo diecisiete se entendía como si comunicara un significado simbólico, y en qué medida solo estaba dirigida a celebrar las posibilidades cada vez mayores de su arte milagrosamente semejante a la vida [*miraculously life-like art*]. Es posible que incluso *debamos* averiguarlo, para evitar crear una imagen irreal de la civilización holandesa en el pasado.[67]

---

66   Eric J. Sluijter, "Didactic and disguised meanings? Several Seventeenth-century Texts on Painting and the Iconological Approach to Northern Dutch Paintings of this Period", en Franits, Wayne, (ed.), *Looking at Seventeenth-Century Dutch Art: Realism reconsidered*, Cambridge, Cambridge University Press, 1997, p. 82.

67   Peter Hecht, "Dutch Seventeenth-Century Genre Painting: A Reassessment of Some Current Hypotheses", p. 95.

A pesar de su asombrosa semejanza, no debemos suponer que las pinturas de género sean fieles transcripciones visuales de la vida cotidiana en la República de Holanda.

> Por el contrario, como todas las pinturas de género, tejen muy claras ficciones. El interior cavernoso de las pinturas de Dou es elocuente al respecto: es completamente imaginario –ningún espectador del siglo diecisiete lo habría confundido con los espacios reales de un hogar holandés– y quizás debería concebirse como un "efecto de realidad". Es un cuadro [*sc. The Young Mother*, 1658] que depende fuertemente de las convenciones pictóricas empleadas para deleitar al público y, sin embargo, simultáneamente, articula sus experiencias (y sesgos) culturales colectivos. [68]

El mismo año de la publicación de "Instruir y deleitar" de E. de Jongh, S. Alpers publica un ensayo con el sugestivo título "¿Describir o narrar? Un problema en la representación realista":

> El punto de partida de este ensayo, escribe, fue mi identificación de esta elección paralela, de parte de los artistas realistas de los siglos diecisiete y diecinueve, de hacer énfasis en la descripción y quitar énfasis o suspender la acción narrativa en sus obras.

---

68   Wayne Franits, *Dutch seventeenth-century Genre Painting*, p. 121. Un cuadro puede proporcionar información sobre la historia de la cultura holandesa del siglo XVII, pero a menudo no representa una escena verdadera. "Al igual que toda la pintura de género holandesa, estos [los patios pintados por Peter de Hooch] finalmente resultan artificiosos, una hábil mezcla de observación directa, habilidad artística, invención y convención" (*Ibid*, p. 164). "[E]ra en el propio interés del artista retratar una situación bastante realista. [...] Los pintores podían agregar detalles que no estuvieran presentes en una situación real, pero sus representaciones rara vez eran por completo imaginarias" (Willemijn Fock, "Semblance or Reality? The Domestic Interior in Seventeenth-Century Dutch Genre Painting", en Westermann, Mariët, *Art & Home: Home Interiors in the Age of Rem*brandt, Zwolle, Waanders, 2001, p. 83). Sobre el "efecto de realidad", expresión acuñada por R. Barthes en referencia a las novelas francesas del siglo XIX, fundamento de esta verosimilitud inconfesada, que constituye la estética de todas las obras corrientes de la modernidad, véase Roland Barthes, "L'effet de réel", *Communications*, 11, 1968, pp. 84-89.

[…] ¿Cuál es, entonces, podríamos preguntarnos, la función de la deslumbrante superficie de la pintura holandesa?[69]

Alpers contesta la pregunta siete años después en *El arte de describir. El arte holandés en el siglo XVII*: no sitúa el significado de las pinturas detrás del lienzo, donde suelen mirar los iconólogos; cree que *la superficie es el significado*. El arte holandés hace que las cosas presentadas en las pinturas parezcan reales. Las pinturas holandesas son descriptivas[70], no están sujetas al enfoque iconológico que se ha inventado para escenas narrativas, y que ha llevado a los historiadores del arte a descuidar

> [e]l modo pictórico mismo –el efecto de realidad– tan básico en estas imágenes. Los pintores hacen pinturas, no significados (*Painters make paintings, not meanings*). Es al modo –el efecto de realidad– al que dirigí mi atención. Y es con referencia a este modo pictórico que intenté fundamentar la pintura holandesa en su cultura.[71]

---

69   Svetlana Alpers, "Describe or Narrate? A Problem in Realistic Representation", *New Literary History*, vol. 8, núm. 1, 1976, p. 16. "La desvinculación de la acción narrativa ha desempeñado un papel importante en el compromiso con la descripción realista" (*Ibid*, p. 25).

70   "El problema con el libro de Alpers es que ciertas premisas son cuestionables. El título parece revelar un error fundamental: el arte no describe. Aplicado a las artes visuales, el concepto literario de descripción niega a la obra de arte su gama de facultades como medio determinado de interpretación de la realidad, como signo, como símbolo o metáfora visual más que escrita. Los artistas holandeses no "describían" la realidad; en casi todos los casos construían una realidad plausible, en parte usando su imaginación, más bien como poetas y reporteros. […] El realismo no es incompatible con el simbolismo; el "modo descriptivo" y el "modo narrativo" no son mutuamente excluyentes, al menos no en el arte" (Egbert Haverkamp-Begemann, "The State of Research in Northern Baroque Art", *The Art Bulletin* 69, 1987, p. 511). "El término [describir] despierta asociaciones con la literatura, donde «descripción» se opone o puede oponerse a «narración». No es así en pintura. ¿Por qué estos pintores no podrían tan solo «representar»?" (Jan Bialostocki, "Review of Svetlana Alpers, *The Art of Describing: Dutch Art in the Seventeenth-Century*", *The Art Bulletin*, 67, 3, 1985, p. 525).

71   Svetlana Alpers, "Picturing Dutch culture", p. 57. "[E]l estilo es lo que se hace de él y el modo está en el proceso de hacer [*Style is what you make it and the mode is in the making*)]" (Svetlana Alpers, "Style is What You

El "efecto de realidad" se refiere al estilo realista de pintar en el arte holandés del siglo XVII, es decir, al hecho de que el artista busca mantenerse cerca de la cultura que está explorando. El contenido de las pinturas es la cultura holandesa, para la cual la representación visual es la manera predilecta de conocer el mundo. Mirar, ver y observar: "Para la forma de pensar holandesa, las pinturas, los mapas, la historia, y la historia natural tienen medios y fines comunes".[72] Al situar la "cultura visual" de los holandeses en el contexto de la revolución científica del siglo XVII, Alpers explora la idea que el carácter descriptivo de la pintura holandesa está estrechamente relacionado con "El avance del saber [*The Advancement of learning*]" de Bacon, quien escribió: "No admito nada salvo con base en el testimonio de los ojos [*I admit nothing but on the faith of the eyes*]", con el estudio del mecanismo del ojo de Kepler, y con innovaciones tecnológicas como el microscopio, el telescopio y la cartografía.

> La frase "el arte de describir" no pretende que las pinturas retraten el mundo tal como es, sino más bien el mundo tal como se ve, en el microscopio, en el mapa, elaborado [*crafted*], en resumen, tal como está representado.[73]

Svetlana Alpers descarta la iconología porque cree en la primacía de los elementos visuales, en pocas palabras, una cultura visual frente a una cultura textual, con un arte narrativo como el que predominaba en Italia. Su pintor se preocupa por mejorar sus habilidades artesanales a la vez que participa eficazmente en la búsqueda de nuevos conocimientos. La pintura se convierte entonces en un *artificio* que tiene el propósito de experimentar en la representación. [IMAGEN 16]

Una buena ilustración de la diferencia entre el arte como descripción de Alpers y el punto de vista corriente del iconólogo es su aproximación a la célebre pintura *Vanitas Still Life* de David Bailly que

---

Make It: The Visual Arts Again", en Lang, Berel (ed.), *The Concept of Style*, Ithaca y Londres, Cornell University Press, 1987, p. 158).

72 Svetlana Alpers, *The Art of Describing. Dutch Art in the Seventeenth Century*, p. 162.

73 Svetlana Alpers, "Picturing Dutch culture", p. 60.

aparece en la carátula de su libro en inglés. Si tomamos literalmente el texto del Eclesiastés (1, 2) –*Vanitas Vanitatum et omnia Vanitas* [Vanidad de vanidades, todo es vanidad]–, que Bailly incluye en la esquina inferior derecha de su composición, nos encontramos con el uso pictórico del concepto tradicional de la fugacidad de la vida y la futilidad de los placeres mundanos ante la ineluctable muerte. Una calavera, un reloj de arena, un autorretrato en un marco sostenido por el pintor mismo, joven, su esposa joven en un marco ovalado, y de nuevo como un fantasma –muerta en 1651– detrás del vaso de vino en el humo de una vela apagada, unas perlas, unas flores marchitas –*Sic transit gloria mundi* [Así pasa la gloria del mundo]–, el dibujo de un hombre maduro que puede ser su padre o su maestro, sin olvidar en la parte superior izquierda *The lute player* (c. 1623-1624) de Frans Hals, con el simbolismo erótico del laúd que toca el bufón, son todos ellos motivos típicos del "realismo aparente" en las pinturas también conocidas como *memento mori* [Recuerda que morirás] que nos recuerdan la naturaleza pasajera de la vida. Para Alpers, en cambio, *Vanitas Still Life* de Bailly

> [o]frece un testimonio extraordinario de la forma como el pintor holandés acoge su oficio [*craft*]. [...] El arte no se limita a imitar a la naturaleza, como tampoco es el juego de la imaginación, sino que es, más bien, la *technè* o la destreza [*craft*] lo que nos permite, a través de la contención [*constraint*], aprehender la naturaleza.[74]

Al igual que *The cloth shop* de Van Mieris el viejo, *Vanitas Still Life* de Bailly no obedece a significados ocultos, sino a una realidad entendida como una asociación de significados accesibles a la vista y perfectamente comprensibles para los espectadores de la época.[75] Contra la

---

74 Svetlana Alpers, *The Art of Describing. Dutch Art in the Seventeenth Century*, pp. 103-104.

75 "[E]l arte de los holandeses se ocupa de hacer visible el significado, y con la creencia, no desconocida en el siglo XVII, de que el significado reside en lo visible" (Svetlana Alpers, "Taking Pictures Seriously: A Reply to Hessel Miedema", *Simiolus: Netherlands Quarterly for the History of Art*, vol. 10, núm. 1, 1978-9, p. 49).

interpretación reduccionista del método iconológico que nos lleva a un significado textual oculto, usualmente un mandato moral con fines de instrucción,[76] el cuadro de Bailly da testimonio de que la pintura holandesa es descriptiva y no prescriptiva. En definitiva, más que reflejar una cultura, la pintura a menudo la construye de maneras sutiles.

A propósito de la multiplicidad de "realismos" que lleva a una variedad de estrategias interpretativas, Alpers dice lo siguiente:

> Al rechazar la opinión radicalmente reduccionista, según la cual el arte holandés es un espejo de la realidad, De Jongh pasa a adoptar un polo opuesto que es, en mi concepto, igualmente reduccionista. Es la idea que el significado es primordial y que las pinturas son el medio a través del cual éste se hace visible. Ninguna de estas redes, me parece, es adecuada para atrapar el arte holandés, que se desliza a través de ellas porque, una y otra vez, sugiere que el significado reside en la cuidadosa *representación* del mundo.[77]

A su manera, Alpers ofrece una respuesta a "la antigua disputa" que Hegel advierte en sus *Lecciones sobre la estética*:

> Todavía no se ha puesto término a la antigua disputa, siempre renovada, sobre si el arte debe representar [*darstellen*] naturalmente en el sentido de lo externo dado, o bien enaltecer y transfigurar los fenómenos naturales. Los derechos de la naturaleza y los derechos de lo bello, el ideal y la verdad natural: la discusión en torno a tales palabras, en principio indeterminadas, puede ser interminable.[78]

La alternativa "¿describir o narrar?" que plantea Alpers en su ensayo de 1976 es, en *El arte de describir*, un problema de *representación visual*, y no de significado.[79]

---

76 "Esto supone una visión demasiado simple de lo que parece que fue para los holandeses una obsesión por la moral o por las posesiones, que a la vez amaban y temían, celebraban y condenaban" (Svetlana Alpers, *The Art of Describing. Dutch Art in the Seventeenth Century*, p. 231).

77 *Ibid*, p. 229.

78 *Hegel*, 1989, p. 120; *Hegel*, 1970a, p. 212.

79 Sobre las estrategias y los debates interpretativos de la pintura holandesa

5. Johannes Vermeer y el misterio silencioso de lo visible

El llamado "realismo" no debe ocultar el hecho de que concurrieron en Holanda durante el siglo XVII escuelas italianizantes y clásicas de pintura, y que los pintores neerlandeses siguieron representando escenas históricas, bíblicas y mitológicas. Si en el arte de Rembrandt abundan los testimonios, el carácter caravaggiesco de las obras tempranas de Johannes Vermeer (1632-1675), *Diana y sus ninfas* (1654), *Cristo en casa de Marta y María* (ca. 1655), y *En casa de la alcahueta* (1656), es menos conocido. Llama la atención el hecho de que Vermeer incorporara dos veces *La alcahueta* (1622) de Dirck van Baburen (1594/1595-1624), uno de los principales representantes de la escuela caravaggista de Utrecht, en el fondo de dos de sus pinturas: *El concierto* (ca. 1665-1666), y *Mujer joven de pie junto a un virginal* (ca. 1670-1672).[80] Mucho después de la que puede ser considerada como su primera "pintura de género", *Muchacha dormida* (ca. 1656-1657), y poco antes de su muerte, Vermeer pinta su *Alegoría de la fe* (ca. 1671-1674), un cuadro lleno de temas teológicos, que encaja difícilmente en la categoría de las escenas de género.[81]

---

de género del siglo XVII desde mediados de 1970 hasta los años 2000, véase Linda Stone-Ferrier, "An Assessment of Recent Scholarship on Seventeenth-Century Dutch Genre Imagery", en Franits, Wayne, (ed.), *The Ashgate Research Companion to Dutch Art of the Seventeenth Century*, Abindon, Oxon and New York, Routledge, 2019, pp. 74-81.

80   El hecho de que Vermeer viera a diario el cuadro de Van Baburen que se encontraba en posesión de su suegra, Maria Thins, con la cual convivía, no es suficiente para explicar esta incorporación.

81   Acerca de este cuadro, véase la interpretación iconológica de De Jongh ("Pearls of Virtue and Pearls of Vice"). D. R. Smith se interesa por "las relaciones entre el arte de Vermeer y sus creencias": su tema es *La alegoría de la fe*, "la creación más excéntrica del artista" ("Vermeer and iconoclasm", *Zeitschrift für Kunstgeschichte*, 74. Bd., H. 2, 2011, p. 193). "Más que cualquier otra cosa, *La alegoría de la fe* es una defensa de la teología católica de la imagen, frente a la iconoclasia y la incredulidad Protestante. [...] Más que cualquier otro cuadro pintado por Vermeer, *La alegoría de la fe* se refiere a un significado ideológico específico, que lo separa del resto de su obra y del arte holandés del siglo diecisiete en general. Su solo tamaño sugiere algún tipo de comisión, pero una en la que el artista estaba

A pesar de la iconoclasia protestante, florece en las Provincias Unidas una pintura que multiplica las imágenes de la vida cotidiana y adorna el marco de la vida privada y pública. Testimonio de la ambivalencia moral de la prosperidad, de la abundancia –como bien lo muestra Simon Schama[82]–, nos ofrece el espectáculo de un arte dedicado a lo profano que brota de la asombrosa vitalidad de artistas atentos a dar cuerpo a las ideas y a los acontecimientos de su nueva República. Con todo, para Vermeer lo esencial no es *describir* el mundo, sino sugerir un universo fuera del tiempo y de la historia. El arte de Johannes Vermeer hace perder a las escenas de género cualquier carácter anecdótico y da la sensación de un instante detenido en un presente cuyo significado nos escapa; sus escenas parecen más interesadas en recrear una tranquilidad envolvente que en construir una narración. Es un nuevo tiempo poético, en el que lo esencial no es imitar una acción, sino suspenderla. El arte de Vermeer busca fijar en el lienzo la apariencia inasible de cada instante de visión. A nadie mejor que a Vermeer se aplica lo que escribe P. Claudel:

> El proyecto del arte holandés es como una liquidación de la realidad. A todos los espectáculos que esta le propone, añade aquel elemento que es el silencio, este silencio que permite oír el alma, al menos escucharla, y esta conversación más allá de la lógica que sostienen las cosas por el solo hecho de su coexistencia y de su compenetración.[83]

---

personalmente involucrado en alto grado. Buena parte de este compromiso ciertamente reside en un diálogo más amplio entre arte y realidad en la totalidad de su obra, que se arraigó al comienzo de su carrera. [...] el diálogo a menudo va más allá de un simbolismo disfrazado o de la sola alusión velada, creando aquello que equivale a la inversión de arte y realidad. *La alegoría de la fe* muestra a Vermeer *eligiendo el arte por sobre la realidad* y, en general, esta parece ser la dirección de su estilo tardío. Pero es de la naturaleza misma de su arte y sus significados que el diálogo nunca pudiera resolverse" (*Ibid*, pp. 214-216. El énfasis me pertenece).

82   *Op. cit.*

83   Paul Claudel, "Introduction à la peinture hollandaise", en *L'oeil écoute* (1935), Paris, Gallimard, folio essais, 2020, pp. 33-34.

Este silencio que nos permite estar atentos a aquello que las cosas más triviales y banales nos pueden decir: nos corresponde a nosotros contemplar y escuchar.

Hay obras que no son ni preguntas ni respuestas, sino enigmas: así son las pinturas de "la esfinge de Delft", como lo llama Thoré-Bürger[84], que conservan una parte irreductible de misterio. Hay pinturas donde hay mucho que ver, pero poco que decir, y es cuando no pasa nada, o casi nada, cuando aparece lo esencial. Ya lo había advertido Seymour Slive, una década antes del "giro iconológico":

> Una vez que somos conscientes de aquello que se ha convertido para nosotros en una especie de significado oculto en la pintura holandesa del siglo diecisiete, resulta difícil ignorarlo –*así sea para señalar que, aquí y allá [here and there], hay una pintura que no lo tiene*. Sin embargo, cuando desciframos las profundidades y aquellos que son, en la mayor parte de los casos, las artificiosas presunciones de su simbolismo pictórico, no debemos olvidar que los pintores holandeses rompieron también con la antigua tradición de disfrazar los símbolos bajo el manto de cosas reales. Pintaron el mundo por sí mismo con más frecuencia de la que lo usaron por su importancia alegórica y moral. Se deleitaron intensamente en su propios campos, sus mares y grandes ríos, y en las cosas ordinarias que los rodeaban. Escudriñaron y se entretuvieron con lo familiar, lo insignificante y lo corriente, sin moralizarlo o depreciarlo. El suyo fue un placer sin precedentes en percibir y pintar la armonía de los colores, el destellante juego de la luz, el misterio de la sombra, y el espacio intangible.[85]

Un ejemplo de un cuadro que no tiene "un significado oculto" es *La callejuela* de J. Vermeer, cuya "descripción sin presunción y su fascinante realismo nos incitan a mirar la pintura como pintura [*to look at the painting as a painting*]".[86] [IMAGEN 17]

---

84   Es el gran mérito de Thoré-Bürger haber redescubierto a Vermeer en el siglo XIX.

85   Seymour Slive, "Realism and Symbolism in Seventeenth-Century Dutch Painting", p. 500. (El énfasis me pertenece).

86   Mariët Westermann, *Johannes Vermeer (1632-1675)*, Rijksmuseum, Ám-

Vermeer escoge un tema nuevo para él, la vista de una calle empedrada que muestra partes de dos viviendas del siglo XVI unidas por un muro con puertas que conducen a través de pasadizos a patios interiores.[87] Dos niños juegan debajo del banco. A la derecha, una mujer –tal vez la madre– remienda la ropa. La puerta abierta, a la izquierda, deja pasar la mirada hasta una sirvienta que se inclina sobre un tonel de agua, y cerca de ella la inevitable escoba. A la luz de este día nublado, la escena es atemporal.[88] La pintura es menos sobre Delft que sobre el ambiente de la escena callejera.[89] El arte de Vermeer "se reduce a la pureza de la mirada, no habla, no moraliza, le basta contemplar el misterio silencioso de lo visible. En esto, «frustra

---

sterdam, Waanders, 2005, p. 5. Lo mismo sucede con "La vista de Delft" (1658-60), en el Mauritshuis de La Haya: "Delft apenas es captada, o asumida –está ahí solo para ser contemplada [*Delft is hardly grasped, or taken in– it is just there for the looking*]" (Svetlana Alpers, *The Art of Describing. Dutch Art in the Seventeenth Century*, p. 27). *La callejuela* y *La vista de Delft* son las únicas pinturas de exteriores en la obra de Vermeer.

87   Las pinturas de patios eran una característica intrínseca de la vida holandesa. Véase, por ejemplo, el cuadro prototípico de Peter de Hooch: *Patio de una casa de Delft* (1658), en el National Gallery de Londres.

88   Refiriéndose a "los excelentes pintores de la escuela holandesa", escribe Schopenhauer: "Hasta lo efímero del instante que el arte ha fijado en tales cuadros (llamados en día cuadros de género) suscita una ligera y peculiar emoción: pues fijar en una imagen duradera el efímero mundo que se transforma incesantemente, plasmándolo en acontecimientos individuales que, sin embargo, representan el conjunto, constituye un logro del arte pictórico con el cual parece detener el tiempo mismo, elevando lo individual a la idea de su especie" (Arturo Schopenhauer, *El mundo como voluntad y representación*, traducción, introducción y notas de Pilar López de Santa María, Madrid, Trotta, 2004, III, §48, 285-286).

89   "Para el observador de hoy, el tema real del cuadro es la manera como este capta la serena atmósfera de una calle tranquila en una ciudad del pasado, con las calladas actividades cotidianas de sus habitantes: [...] La mirada nostálgica y transfigurada que contempla en retrospectiva un pasado presuntamente feliz, crea el valor de la atmósfera; [...]" (Karl Schültz, *Vermeer. La obra completa*, directed and produced by Benedikt Taschen, Köln, Taschen, 2017, p. 72).

el deseo de la narración que motiva al iconógrafo»".[90] Otro ejemplo
es *Mujer con un collar de perlas*. [IMAGEN 18]

Una mujer joven, elegantemente vestida con una chaqueta de satén amarillo con ribetes de armiño, sujeta con las manos las cintas
de su collar de perlas y se estudia en el espejo de una pared. La mujer
aparece como dueña de sí y contenida en sí misma. La luz inunda
la habitación a través de las ventanas de cristal. La escena es familiar
y se asemeja a otras tres pinturas de Vermeer de mediados de la década de 1660, *Lectora de carta en azul* (ca. 1663-1664), *Mujer con
balanza* (ca. 1663-1664) y *Mujer joven con jarra de agua* (ca. 1662-
1664). La diferencia más importante radica en la intensidad de la
mirada de la mujer, que invade el espacio vacío casi abstracto en el
centro de la pintura.

> Más que de la ventana, la luminosidad del interior emana del
> asombro [*émerveillement*] de una mirada que viene a reflejarse
> en el espejo. No es necesario que el pintor muestre el reflejo:
> la iluminación nace de la conciencia, del reflejo de la mirada
> que se ve al verse a sí misma.[91]

Varios son los motivos típicos del "realismo aparente" relacionados
con el tema de la *vanitas*, como, por ejemplo, las perlas –que también
pueden significar fe, pureza y virginidad–, el sentido de la vista –uno
de los cinco sentidos que simbolizan toda una gama de posibilidades
pecaminosas–, o el espejo, que puede indicar tanto el engaño de las
apariencias, la mundanidad, la fugacidad y el orgullo, como la sa-
biduría y el conocimiento de sí. Cualquier espectador sabe que las
pinturas holandesas del Siglo de Oro se prestan a más de una sola
interpretación, pero conviene recordar que los espectadores también
atribuyen significados a las pinturas que sus autores probablemente
nunca tuvieron la intención de transmitir. En efecto, es posible que

---

90   Jacques Darriulat, "L'intérieur", en Darriulat, Jacques, *La peinture hollan-
      daise au siècle d'or*, 2018b.

91   Jacques Darriulat, / Raphaël Enthoven, *Vermeer. Le jour et l'heure*, Paris,
      Fayard, 2017, p. 130.

un determinado artista no haya querido representar nada más que lo que aparece a simple vista. De hecho,

> Uno de los aspectos más extraordinarios del genio de Vermeer es lo elusivo de su significado, especialmente en las pinturas de género, tan cuidadosamente concebidas. Vermeer evitó hacer afirmaciones abiertamente didácticas. En lugar de utilizar gestos u objetos explícitos de significado iconográfico unívoco, transmitió el significado a través del estado de ánimo.[92]

La acusación tradicional contra la pintura es que es "apariencia sin ser". Pero ¿qué es el "ser" de la pintura? La aspiración a manifestar un contenido bajo una forma sensible expresa cierta relación, cierta diferencia entre el sentido y las cosas, el hombre y el mundo. La imagen es a la vez tan cercana y tan distante que abre un espacio para el pensamiento.

> «¡La naturaleza fiel y entera!» –¿Cómo lo hará:
> Cuándo se habrá *agotado* jamás la naturaleza en la Imagen?
> ¡Infinito es el trozo más pequeño del mundo!
> De ello pinta, a fin de cuenta, lo que le *gusta*.
> ¿Y qué le gusta? Lo que *sabe* pintar.[93]

---

92   Arthur K. Wheelock, Jr. (ed.), *Johannes Vermeer*. Catalogue Exhibition, texts by Arthur K. Wheelock, Jr., Albert Blankert, Ben Broos, Jorgen Wadum, National Gallery of Art, Washington, and the Royal Cabinet of Paintings Mauritshuis, The Hague, New Haven and London, Yale University Press, 1995, p. 154.

93   Friedrich Nietzsche, *La gaya ciencia*, edición, traducción y notas de Juan Luis Vermal, Madrid, Tecnos, 2018, p. 59. De la serie de poemas "Broma, astucia y venganza", núm. 55: "El pintor realista", citado en Ernst H. *Art and Illusion. A Study in the Psychology of Pictorial Representation*, p. 86. En la Segunda parte, Tercera sección, capítulo tres, "La subjetiva imitación de lo dado", de sus *Lecciones sobre la estética*, Hegel escribe a propósito de la pintura de género de los holandeses tardíos: "[E]l arte de pintar y del pintor es lo que debe deleitarnos y arrebatarnos. [...] Y de hecho, cuando se quiera saber qué es pintar, se deben contemplar estos cuadritos [*Bildchen*] para decir de este o de aquel pintor: este sabe pintar [*Der kann malen*]" (*Hegel*, 1989, p. 438; *Hegel*, 1970b, p. 226).

Si el trozo más pequeño del mundo es infinito, copiar la naturaleza lleva a la exigencia de representar el infinito. El "realismo" no agota la realidad; la imagen fabrica realidades y el pintor crea la realidad.

Preocupado, a menudo en exceso, por lo que podríamos llamar la eficacia comunicativa, el iconólogo parece estar más interesado en los discursos producidos acerca del arte que en el arte mismo. Compite con el pintor y su "proceso de hacer [*making*]"[94], de "producir imágenes [*picturing*]"[95], y tensa los límites entre la literatura, la historia, la ficción y la realidad. Ante el riesgo de interpretar una pintura como una especie de texto, conviene conservar una prudente distancia entre la obra de arte y el texto que debería comentarla y explicarla, y dar a la forma lo que le corresponde como vehículo de significado.

> Las obras de arte comunican visualmente: la forma determina cómo se refiere una obra de arte al significado del texto. La forma también puede transmitir significados que se encuentran fuera del marco textual de referencia.[96]

Las pinturas holandesas del Siglo de Oro dicen tanto acerca de la realidad como acerca del arte: contenido y forma no son separables. El significado de una pintura emana de lo que está representado, y lo determina principalmente lo que el artista nos muestra, lo que elige para representar y cómo lo pinta.

> En un intento por matizar las generalizaciones excesivamente simplificadas de críticos anteriores que censuraron o elogiaron a los pintores holandeses por su realismo, debemos cuidarnos de no exagerar la importancia del significado simbólico o alegórico de sus obras. Es muy posible que la "Mujer con un collar de perlas" de Vermeer sea una *vanitas* o represente el sentido de la vista. Sin embargo, un énfasis indebido en estos temas

---

94   Ernst H. Gombrich, *Art and Illusion. A Study in the Psychology of Pictorial Representation*, p. 312.

95   Svetlana Alpers, *The Art of Describing. Dutch Art in the Seventeenth Century*, p. 26.

96   Eric J. Sluijter, "New Approaches in Art History and the Changing Image of Seventeenth-Century Dutch Art between 1960 and 1990", p. 259.

renacentistas y barrocos triviales a costa de la trémula intimidad de esta escena momentánea de una mujer que se estudia
en el espejo de la pared, el exquisito equilibrio entre su figura
y la plateada luz del día que llena el interior, el fuerte diseño
tectónico y la fina concordancia de colores fríos, empobrecería,
en lugar de enriquecer, nuestra respuesta al logro único de la
pintura holandesa del siglo diecisiete.[97]

El misterio de *Mujer con un collar de perlas* se resiste al análisis
racional. En esta pintura de luz Vermeer suprime el pensamiento
dando primacía a la forma[98], celebración de una experiencia estética
de la realidad, más que de la realidad misma, que hace desaparecer
cualquier intención narrativa para concentrarse en la representación

---

97 Seymour Slive, "Realism and Symbolism in Seventeenth-Century Dutch
Painting", p. 500. "Varias figuras femeninas en la obra de Vermeer llevan
perlas; el ejemplo más conspicuo de ello es la pintura en Berlín, en la cual
la joven se encuentra en el proceso mismo de cerrar su collar. Es difícil
descubrir qué tenía en mente el artista, pues no hay otro motivo que pudiera tomarse junto con el collar de perlas para ofrecer una pista sobre el
significado de la totalidad del cuadro" (Eddy de Jongh, "Pearls of Virtue
and Pearls of Vice", pp. 83-84). Comentando *Mujer con balanza* (ca. 1663-
1664), Alpers escribe: "La descripción de Vermeer de estas mujeres silen-
ciosas, absortas en sí mismas y dueñas de sí, que constituyen el centro de
sus mundos pictóricos, tan presentes a nuestra vista pero, de alguna manera, tan intactas detrás de la barricada de objetos y de espacio con la que
Vermeer las aleja de nuestro alcance –la representación de Vermeer sustituye la anécdota como su atributo. [...] su arte, pero desde luego, también
su visión de las mujeres y del mundo, sustituye una acción anecdótica por
una descripción y nos deja con aquella presencia poderosa, contenida en
sí misma, que es un rasgo tan característico de este modo realista del siglo
diecisiete (Svetlana Alpers, "Describe or Narrate? A Problem in Realistic Representation", p. 26). "A pesar de toda su presencia, las mujeres de
Vermeer son un mundo aparte, intacto, contenido en sí mismo pero, más
importante aún, dueño de sí. [...] Vermeer reconoce el mundo presente en
estas mujeres como algo ajeno a sí mismo y, con una especie de desapego
apasionado, permite que, a través de ellas, sea" (Svetlana Alpers, *The Art
of Describing. Dutch Art in the Seventeenth* Century, p. 224).

98 "A los ojos de Vermeer, el significado es secundario, solo es esencial la
representación de lo visible [*le rendu du visible*], el juego de la luz anula
la narración, la forma prevalece sobre el contenido, o más bien, es la forma misma la que es el contenido" (Jacques Darriulat / Raphaël Enthoven,
Vermeer. Le jour et l'heure, p. 94).

visual. Ahora, si Vermeer no deja que sus pensamientos se revelen, ¿por qué deberíamos obligarlo?

BIBLIOGRAFÍA

Alpers, Svetlana, "Describe or Narrate? A Problem in Realistic Representation", *New Literary History*, vol. 8, núm. 1, 1976, pp. 15-41.

Alpers, Svetlana, "Taking Pictures Seriously: A Reply to Hessel Miedema", *Simiolus: Netherlands Quarterly for the History of Art*, vol. 10, núm. 1, 1978-9, pp. 46-50.

Alpers, Svetlana, *The Art of Describing. Dutch Art in the Seventeenth Century*, Chicago, The University of Chicago Press, 1983.

Alpers, Svetlana, "Style is What You Make It: The Visual Arts Again", en Lang, Berel (ed.), *The Concept of Style*, Ithaca y Londres, Cornell University Press, 1987, pp. 137-162.

Alpers, Svetlana, "Picturing Dutch culture", en Franits, Wayne (ed.), *Looking at Seventeenth-Century Dutch Art: Realism reconsidered*, Cambridge, Cambridge University Press, 1997, pp. 57-67.

Aristote, *Physique* (I- IV), texte établi et traduit par Henri Carteron, Paris, Les belles lettres, 1966.

Aristóteles, *Poética de Aristóteles*, edición trilingüe por Valentín García Yebra, Madrid, Gredos, 1974.

Barthes, Roland, "L'effet de réel", *Communications*, 11, 1968, pp. 84-89.

Bialostocki, Jan, "Review of Svetlana Alpers, *The Art of Describing: Dutch Art in the Seventeenth-Century*", *The Art Bulletin*, 67, 3, 1985, pp. 520-526.

Bouillon, Jean-Paul (ed.), *La Critique d'art en France, 1850-1900*, Actes du colloque de Clermont-Ferrand, 25, 26, 27 mai 1987, Saint-Étienne, Université de Saint-Étienne, 1989.

Brandon, Pepijn, "The Armed Forces", en Helmer J. Helmers, & Geert H. Janssen, (eds.), *The Cambridge Companion to the Dutch Golden Age*, Cambridge, Cambridge University Press, 2018, pp. 69-86.

Bürger, William, *Musées de la Hollande. I. Amsterdam et La Haye. Études sur l'école hollandaise*, Paris/Bruxelles, Ve Jules Renouard/Ferdinand Claassen, 1858.

Bürger, William, *Musées de la Hollande. II. Musée Van der Hoop, à Amsterdam et Musée de Rotterdam*, Paris/Bruxelles,

Ve Jules Renouard/Ferdinand Claassen, 1860.

Bürger, William, "Van der Meer de Delft", *Gazette des Beaux-arts*, Tome XXI, oct.-dic., 1866, pp. 297-330; pp. 458-470; pp. 542-575. [Disponible en línea: Gallica.bnf.fr / Bibliothèque nationale de France].

Bürger, William, *Salons de W. Bürger 1861 à 1868*, tome second, avec une préface par T. Thoré, Paris, Ve Jules Renouard, 1870.

Chapman, H. Perry, Kloek, Wouter Th., Wheelock, Arthur K. Jr., *Jan Steen. Painter and Storyteller*, Washington: National Gallery of Art; Amsterdam, Rijksmuseum, 1996.

Christin, Anne-Marie, "Fromentin critique d'art ou la rhétorique", *Cahiers de l'Association internationale des études françaises*, núm, 37, 1985, pp. 193-212. [Disponible en línea: https://doi.org/10.3406/caief.1985.1955].

Claudel, Paul, "Introduction à la peinture hollandaise", en *L'oeil écoute* (1935), Paris, Gallimard, folio essais, 2020, pp. 7-60.

Constant, Benjamin, *Journal intime et lettres à sa famille et à ses amis précédés d'une introduction par D. Melegari*, Paris, Paul Ollendorff, Éditeur, 1895.

Darriulat, Jacques / Enthoven, Raphaël, *Vermeer. Le jour et l'heure*, Paris, Fayard, 2017.

Darriulat, Jacques, "La terre et les hommes", en Darriulat, Jacques, *La peinture hollandaise au siècle d'or*, 2018a. [Edición digital sin paginación disponible en: http://www.jdarriulat.net/Essais/PeintureHollandaise/IndexPtureHoll.html] mise en ligne: 1-3-18.

Darriulat, Jacques, "L'intérieur", en Darriulat, Jacques, *La peinture hollandaise au siècle d'or*, 2018b. [Edición digital sin paginación disponible en: http://www.jdarriulat.net/Essais/PeintureHollandaise/IndexPtureHoll.html] mise en ligne: 1-3-18.

Dekker, Jeroen J. H., "Beauty and Simplicity: the Power of Fine Art in Moral Teaching on Education in Seventeenth-Century Holland", *Journal of Family History*, vol. 34, núm. 2, 2009, pp. 166-188.

Emmens, Jan, "A Seventeenth-Century Theory of Art: Nature and Practice", en Franits, Wayne (ed), *Looking at Seventeenth-Century Dutch Art: Realism reconsidered*, Cambridge, Cambridge University Press, 1997, pp. 15-21 y 205-206.

Fernández Uribe, Carlos Arturo, "Hipólito Taine: la obra de arte como hija de su tiempo", *Artes la Revista*, vol. 3, núm. 6, julio-diciembre, 2003, pp. 49-63.

Fock, Willemijn, "Semblance or Reality? The Domestic Interior in Seventeenth-Century Dutch Genre Painting", en Westermann, Mariët, *Art & Home: Home Interiors in the Age of Rembrandt*, Zwolle, Waanders, 2001, pp. 83-101.

Franits, Wayne, "Between Positivism and Nihilism: Some Thoughts on the Interpretation of Seventeenth-Century Dutch Paintings", *Theoretische geschiedenis*, Jaargang 21, Nummer 2, 1994, pp. 129-152.

Franits, Wayne, (ed.), *Looking at Seventeenth-Century Dutch Art: Realism reconsidered*, Cambridge, Cambridge University Press, 1997.

Franits, Wayne, *Dutch seventeenth-century Genre Painting*, New Haven and London, Yale University Press, 2008.

Franits, Wayne, "Genre Painting", en Helmer J. Helmers & Geert H. Janssen, (eds.), *The Cambridge Companion to the Dutch Golden Age*, Cambridge, Cambridge University Press, 2018, pp. 268-288.

Franits, Wayne, (ed.), *The Ashgate Research Companion to Dutch Art of the*

Seventeenth Century, Abindon, Oxon and New York, Routledge, 2019.

Freedberg, David & Vries, Jan de (eds.), *Art in history, History in art: studies in seventeenth-century Dutch culture*, Santa Monica, California, Getty Center for the History of Art and the Humanities, 1991.

Fromentin, Eugène, *Les maîtres d'autrefois*, Paris, Éditions Plon et Cie, 1876.

Gaiger, Jason, *Dutch painting in the Golden Age* (United Kingdom: The Open University), 2016. [Disponibe en formato pdf: https://www.open.edu/openlearn/*history*-the-arts/dutch-painting-the-golden-age/content-section-0].

García de la Concha, Victor (dir.), *Historia de la literatura española. Siglo XIX (II)*, Madrid, Espasa, 1998.

García García, Bernardo J. (ed.), *La imagen de la guerra en el arte de los antiguos Países Bajos*, Madrid, Editorial Complutense, Fundación Carlos de Amberes, 2006.

García García, Bernardo J., "Las guerras de Flandes en la prensa. Crónica, propaganda y literatura de consumo", en García García, Bernardo J. (ed.), *La imagen de la guerra en el arte de los antiguos Países Bajos*, Madrid, Editorial Complutense, Fundación Carlos de Amberes, 2006, pp. 247-288.

Gombrich, Ernst H., *Symbolic Images. Studies in the Art of the Renaissance II*, Oxford, Phaidon Press, 1972.

Gombrich, Ernst H., "«The Father of History»", en Ernst H. Gombrich, *Tributes. Interpreters of our cultural tradition*, Oxford, Phaidon, 1984, pp. 51-69; 254-255.

Gombrich, Ernst H., *Imágenes simbólicas. Estudios sobre el arte del Renacimiento*, Madrid, Alianza Editorial, 1986.

Gombrich, Ernst H., *Art and Illusion. A Study in the Psychology of Pictorial Representation*, Princeton, Princeton University Press for the Bollingen Foundation, 2003 [trad. esp.: *Arte e ilusión. Estudio sobre la psicología de la representación pictórica*, London, Phaidon Press, 2002].

Grijzenhout, Frans / Veen, Henk van (eds.), *The Golden Age of Dutch Painting in Historical Perspective*, translated by Andrew McCormick, Cambridge, Cambridge University Press, 1999.

Grimaldi, Nicolas, "La peinture hollandaise selon Hegel: le réalisme dans l'art comme déréalisation de la nature", en Nicolas Grimaldi, *L'art ou la passion feinte. Essais sur l'expérience esthétique*, Paris, Presses Universitaires de France, 1983, pp. 72-93.

Havard, Henry, "Johannes Vermeer (Van der Meer de Delft)", *Gazette des Beaux-arts*, t. XXVII, 1er janvier, 1883a, pp. 389-399. [Disponible en línea: Gallica.bnf.fr / Bibliothèque Nationale de France].

Havard, Henry, "Johannes Vermeer (Van der Meer de Delft)", *Gazette des Beaux-arts*, t. XXVIII, 1er juillet, 1883b, pp. 213-224. [Disponible en línea: Gallica.bnf.fr / Bibliothèque Nationale de France].

Haverkamp-Begemann, Egbert, "The State of Research in Northern Baroque Art", *The Art Bulletin* 69, 1987, pp. 510-519.

Hecht, Peter, "The Debate on Symbol and Meaning in Dutch Seventeenth-Century Art: An Appeal to Common Sense", *Simiolus: Netherlands Quarterly for the History of Art*, vol. 16, núm. 2/3, 1986, pp. 173-187.

Hecht, Peter, "Dutch Seventeenth-Century Genre Painting: A Reassessment of Some Current Hypotheses", *Simiolus: Netherlands Quarterly for the History of Art*, vol. 21, núm. 1/2, 1992, pp. 85-95.

Hegel, Georg Wilhelm Friedrich, *Lecciones sobre la estética*, traducción de Alfredo Brotóns Muñoz, Madrid, Akal, 1989 [Edición alemana: *Vorlesungen über die Ästhetik*, Zweite Auflage, hrsg.

von Heinrich Gustav Hothos, Berlin, Duncker und Humblot, 1842].

Hegel, Georg Wilhelm Friedrich, *Georg Wilhelm Friedrich Hegel's Werke*, vollständige Ausgabe, Band X: *Hegel's Vorlesungen über die Äesthetik*, 3 Theilen, hrsg. von Heinrich Gustav Hotho, Berlin, Duncker und Humblot, 1842-1843.

Hegel, Georg Wilhelm Friedrich, *Werke in Zwanzig Bände, Band 13: Vorlesungen über die Äesthetik I*, auf der Grundlage der Werke von 1832-1845 neu edierte Ausgabe, Redaktion Eva Moldenhauer und Karl Markus Michel. Frankfurt am Main: Suhrkamp, 1970a. [Edición original: Hegel 1842-1843].

Hegel, Georg Wilhelm Friedrich, *Werke in Zwanzig Bände, Band 14: Vorlesungen über die Äesthetik II*, auf der Grundlage der Werke von 1832-1845 neu edierte Ausgabe, Redaktion Eva Moldenhauer und Karl Markus Michel. Frankfurt am Main: Suhrkamp, 1970b. [Edición original: Hegel 1842-1843].

Helmers, Helmer J. & Janssen, Geert H. (eds.), *The Cambridge Companion to the Dutch Golden Age*, Cambridge, Cambridge University Press, 2018.

Ho, Angela, "An invitation to compare Frans van Mieiris's "Cloth shop" in the context of early modern art collecting", *Renaissance Studies*, vol. 23, núm. 5, 2009, pp. 694-717.

Horacio, *Sátiras. Epístolas. Arte poética*, introducciones, traducción y notas de José Luis Moralejo, Madrid, Gredos, 2008.

Huizinga, Johan H., *Dutch Civilization in the Seventeenth Century: and other essays*, selected by Pieter Geyl and F.W.N. Hugenholtz and translated by Arnold J. Pomerans, London, Collins, 1968.

Israel, Jonathan I., *The Dutch Republic. Its Rise, Greatness, and Fall 1477-1806*, Oxford, Clarendon Press, 1998.

Jongh, Eddy de, "Grape Symbolism in Paintings of the 16th and 17th Centuries", *Simiolus: Netherlands Quarterly for the History of Art*, vol. 7, núm. 4, 1974, pp. 166-191.

Jongh, Eddy de, "Pearls of Virtue and Pearls of Vice", *Simiolus: Netherlands Quarterly for the History of Art*, vol. 8, núm. 2, 1975-1976, pp. 69-97.

Jongh, Eddy de, "To instruct and delight", en Jongh, Eddy de, *Questions of Meaning. Theme and Motif in Dutch Seventeenth-Century Painting*, translated and edited by Michael Hoyle, Leiden, Primavera Pers, 2000, 1976, pp. 83-103 y 263-265.

Jongh, Eddy de, "The Broom as Signifier: An Iconological Hunch", en Jongh, Eddy de, *Questions of Meaning. Theme and Motif in Dutch Seventeenth-Century Painting*, translated and edited by Michael Hoyle, Leiden, Primavera Pers, 2000, 1989, pp. 193-214; 281-283.

Jongh, Eddy de, "Some notes on Interpretation" (1987), en Freedberg, David & Vries, Jan de (eds.), *Art in history, History in art: studies in seventeenth-century Dutch culture*, Santa Monica, California, Getty Center for the History of Art and the Humanities, 1991, pp. 119-136.

Jongh, Eddy de, "Jan Steen, So Near and Yet So Far", en Chapman, H. Perry, Kloek, Wouter Th., Wheelock, Arthur K. Jr., *Jan Steen. Painter and Storyteller*, Washington: National Gallery of Art; Amsterdam, Rijksmuseum, 1996, pp. 39-51.

Jongh, Eddy de, "Realism and Seeming Realism in Seventeenth-Century Dutch painting, en Franits" (1971), Wayne (ed.), *Looking at Seventeenth-Century Dutch Art: Realism reconsidered*, Cambridge, Cambridge University Press, 1997, pp. 21-56; 206-211.

Jongh, Eddy de, "The Iconological Approach to Seventeenth-Century Dutch

Painting", en Grijzenhout, Frans / Veen, Henk van (eds.), *The Golden Age of Dutch Painting in Historical Perspective*, translated by Andrew McCormick, Cambridge, Cambridge University Press, 1999, pp. 200-223 y 288-289.

Jongh, Eddy de, *Questions of Meaning. Theme and Motif in Dutch Seventeenth-Century Painting*, translated and edited by Michael Hoyle, Leiden, Primavera Pers, 2000.

Kant, Immanuel, *Crítica de la facultad de juzgar*, traducción, introducción, notas e índices por Pablo Oyarzún, Caracas, Monte Ávila Editores, 1992 [Edición alemana: *Kritik der Urtheilskraft*. Frankfurt a. M.: Suhrkamp, 1981 (1790)].

Kloek, Wouter, "Batallas en el mar. La pintura como *memento*", en García García, Bernardo J. (ed.), *La imagen de la guerra en el arte de los antiguos Países Bajos*, Madrid, Editorial Complutense, Fundación Carlos de Amberes, 2006, pp. 63-94.

Lachenal, Lucie & Meneux, Catherine (ed.), *La critique d'art de la Révolution à la monarchie de Juillet*, actes du colloque organisé à Paris le 26 novembre 2013, Paris, site de l'HiCSA, mis en ligne en juillet 2015.

Lang, Berel (ed.), *The Concept of Style*, Ithaca y Londres, Cornell University Press, 1987.

Larroumet, Gustave, "L'art réaliste et la critique", *Revue des deux mondes* (1874-1893), Troisième période, vol. 114, núm. 4 (15 décembre), 1892, pp. 802-842.

Laugée, Thierry, "Les chroniqueurs militants de la *Revue républicaine*, suivi d'un projet de prospectus pour *La démocratie* d'après un manuscrit inédit de Victor Schoelcher", en Lachenal, Lucie, & Méneux, Catherine (ed.), 2015, pp. 41-67.

Lissagaray, Prosper-Olivier, *Histoire de la Commune de 1871*, Paris, Librairie Dentu, 1896. [Disponible en: https://gallica.bnf.fr/ark:/12148/bpt6k36518g. texteImage#].

Lissorgues, Yvan, "El Realismo. Arte y literatura, propuestas técnicas y estímulos ideológicos", edición digital de la Biblioteca Virtual Miguel de Cervantes. 2008. [Edición original en: García de la Concha 1998, pp. 3-31].

Lombardo, Patrizia, "Hippolyte Taine ou la critique sans l'art", *Cahiers de l'Association internationale des études françaises*, núm. 37, 1985, pp. 179-191. [Disponible en línea: https://doi.org/10.3406/caief.1985.1954].

Marchán Fiz, Simón, *La estética en la cultura moderna. De la Ilustración a la crisis del Estructuralismo*, Madrid, Alianza Editorial, 1987.

Margot, Jean-Paul, "La modernidad de Sade", en Jean-Paul Margot, *Modernidad, crisis de la modernidad y pomodernidad*, Cali, Programa editorial Universidad del Valle, 2010, pp. 9-40.

Margot, Jean-Paul, "Artes de imitación e imitación del arte en Platón", *Praxis Filosófica*, núm. 56, 2023a, pp. 79-100.

Margot, Jean-Paul, "Una lectura iconográfica de Descartes", *Ideas y valores*, 72 (182), 2023b, pp. 99-124.

Merriman, John, *Masacre. Vida y muerte en la Comuna de París de 1871*, Madrid, Siglo XXI de España Editores, 2017.

Nadler, Steven, *Rembrandt's Jews*, Chicago, University of Chicago Press, 2003.

Nadler, Steven, *The Philosopher, the Priest, and the Painter. A portrait of Descartes*, Princeton and Oxford, Princeton University Press, 2013.

Nietzsche, Friedrich, *La gaya ciencia*, edición, traducción y notas de Juan Luis Vermal, Madrid, Tecnos, 2018.

Olivier, Alain Patrick, "L'expérience de la peinture et son concept", *Verifiche, Rivista di scienze umana*, XLV (1-2), 2016, pp. 149-181.

Panofsky, Erwin, *Meaning in the visual Arts*, New York, Anchor Books, 1955.

Panofsky, Erwin, *Early Netherlandish Painting. Its origins and character*, Cambridge, Massachusetts (reprint of 1953 ed.), Harvard University Press, 1966.

Panofsky, Erwin, *El significado en las artes visuales*, versión castellana de Nicanor Anochea, Madrid, Alianza Editorial, 1987.

Pérez-Reverte, Arturo, *El pintor de batallas*, Bogotá, Alfaguara, 2006.

Platón, *La república*, introducción, versión y notas de Antonio Gómez Robledo, México, Universidad nacional autónoma de México, 2000.

Platón, *Diálogos IV. República*, introducción, traducción y notas de Conrado Eggers Lan, Madrid, Gredos, 2006.

Pollmann, Judith, "The Cult and Memory of War and Violence", en Helmer J. Helmers, & Geert H. Janssen, (eds.), *The Cambridge Companion to the Dutch Golden Age*, Cambridge, Cambridge University Press, 2018, pp. 87-104.

Polvorinos Guillot, Guillermo, *La guerra de Flandes: propaganda y leyenda negra española*, tesis de grado en historia, Santander, Universidad de Cantabria; Facultad de filosofía y letras, 2019. [Disponible en: https://1library.co/document/zko8431y-guerra-flandes-propaganda-leyenda-negra-española.html].

Portús, Javier, "Miserias de la guerra: de Brueghel a Velázquez", en García García, Bernardo J. (ed.), *La imagen de la guerra en el arte de los antiguos Países Bajos*, Madrid, Editorial Complutense, Fundación Carlos de Amberes, 2006, pp. 3-28.

Prak, Maarten, *The Dutch Republic in the Seventeenth Century. The Golden Age*, Cambridge, Cambridge University Press, 2009.

Puype, Jan Piet, "Las reformas del ejército holandés del Príncipe Mauricio de Nassau, 1590-1600. Armas y tácticas de batalla", en García García, Bernardo J. (ed.), *La imagen de la guerra en el arte de los antiguos Países Bajos*, Madrid, Editorial Complutense, Fundación Carlos de Amberes, 2006, pp. 171-211.

Rebeyrol, Philippe, "Art historians and art critics, I: Théophile Thoré", *The Burlington Magazine*, XCIV, 1952, pp. 196-200.

Renger, Konrad, "On the history of research concerning the interpretation of Dutch painting", en Franits, Wayne (ed.), *Looking at Seventeenth-Century Dutch Art: Realism reconsidered*, Cambridge, Cambridge University Press, 1997, pp. 9-14 y 204-205.

Roth, David T., "Moral Messages in Dutch Realist Art of the Seventeenth-Century Golden Age", *ANU Historical Journal II: Number 2*, 2020, pp. 23-42. DOI. org/10.22459/ANUHJII.2020.02

Schama, Simon, *The Embarrassment of the Riches. An interpretation of Dutch Culture in the Golden Age*, New York, Vintage Books, 1997.

Schopenhauer, Arturo, *El mundo como voluntad y representación*, traducción, introducción y notas de Pilar López de Santa María, Madrid, Trotta, 2004.

Schültz, Karl, *Vermeer. La obra completa*, directed and produced by Benedikt Taschen, Köln, Taschen, 2017.

Shakespeare, William, "As you like it", *The new Oxford Shakespeare. The complete works. Modern critical edition*, ed. por Gary Taylor, John Jowett, Terri Bourus y Gabriel Egan, Oxford, Oxford University Press, 2016.

Slive, Seymour, "Realism and Symbolism in Seventeenth-Century Dutch Painting", *Daedalus*, vol. 91, núm. 3, 1962, pp. 469-500.

Sluijter, Eric J., "Didactic and disguised meanings? Several Seventeenth-century Texts on Painting and the Icono-logical Approach to Northern Dutch Paintings of this Period", en Franits, Wayne (ed.), *Looking at Seventeenth-Century Dutch Art: Realism reconsidered*, Cambridge, Cambridge University Press, 1997, pp. 78-87 y 213-220.

Sluijter, Eric J. "New Approaches in Art History and the Changing Image of Seventeenth-Century Dutch Art between 1960 and 1990", en Grijzenhout, Frans / Veen, Henk van (eds.), *The Golden Age of Dutch Painting in Historical Perspective*, translated by Andrew McCormick, Cambridge, Cambridge University Press, 1999, pp. 247-276 y 291-292.

Smith, David R., "Irony and Civility: Notes on the Convergence of Genre and Portraiture in Seventeenth-Century Dutch Painting", *The Art Bulletin*, vol. 69, núm. 3 (Sep.), 1987, pp 407-430.

Smith, David R., "Realism and the Boundaries of Genre in Dutch Art", *Art History*, 32 (1), 2009, pp. 78-114.

Smith, David R., "Vermeer and iconoclasm", *Zeitschrift für Kunstgeschichte*, 74. Bd., H. 2, 2011, pp. 193-216.

Stoel Aguirre, Alana, *Los cuadros de batallas navales. Una imagen del poder de las Provincias Unidas en el siglo XVII*, tesis de grado en Historia del arte, Lejona, Universidad del País Vasco, 2014-2015. [Disponible en: https://addi.ehu.es/bitstream/handle/10810/21233/TFG_Stoel_Aguirre.pdf?sequence=1&isAllowed=y].

Stone-Ferrier, Linda, "An Assessment of Recent Scholarship on Seventeenth-Century Dutch Genre Imagery", en Franits, Wayne (ed.), *The Ashgate Research Companion to Dutch Art of the Seventeenth Century*, Abindon, Oxon and New York, Routledge, 2019, pp. 73-103.

Suzman Jowell, Frances, "Thoré-Bürger and the Revival of Frans Hals", *The Art Bulletin*, 56, 1, 1974, pp. 101-117.

Suzman Jowell, Frances, "Politique et Esthétique : du Citoyen Thoré à William Bürger", en Bouillon, Jean-Paul, (ed.), *La Critique d'art en France, 1850-1900*, Actes du colloque de Clermont-Ferrand, 25, 26, 27 mai 1987, Saint-Étienne, Université de Saint-Étienne, 1989, pp. 25-41.

Suzman Jowell, Frances, "From Thoré to Bürger: the image of Dutch art before and after the Musées de la Hollande" (presentado en el Coloquio *The Shifting Image of the Golden Age*, Rijksmuseum, 29-30 mai 2000), *Bulletin van het Rijksmuseum*, t. XLIX, núm. 1, 2001, pp. 45-60.

Suzman Jowell, Frances, "Thoré-Bürger's art collection: «a rather unusual gallery of bric-à-brac»", *Simiolus. Netherlands quarterly for the history of art*, t. XXX, 2003, pp. 54-119.

Taine, Hyppolite, *Philosophie de l'art*, Paris, Germer Baillère, 1865.

Taine, Hyppolite, *Philosophie de l'art en Italie*, Paris, Germer Baillère, 1866.

Taine, Hyppolite, *De l'idéal dans l'art*, Paris, Germer Baillère, 1867.

Taine, Hyppolite, *Philosophie de l'art dans les Pays-Bas*, Paris, Germer Baillère, 1869.

Taine, Hyppolite, *Filosofía del arte*, traducción de Amparo Cebrián y Federico Climent Terrer, 4 vols., Madrid, Calpe, 1922.

Todorov, Tzvetan, *Éloge du quotidien. Essai sur la peinture hollandaise du XVIIe siècle*, Paris, Éditions du Seuil, 1997.

Van Groesen, Michiel, "Global Trade", en Helmer J. Helmers, & Geert H. Janssen, (eds.), *The Cambridge Companion to the Dutch Golden Age*, Cambridge, Cambridge University Press, 2018, pp. 166-185.

Vander Auwera, Joost, "La guerra y su representación en el arte durante el Antiguo Régimen. El caso de la guerra de los Ochenta Años (1568-1618-1648)", en García García, Bernardo J. (ed.), *La imagen de la guerra en el arte de los antiguos Países Bajos*, Madrid, Editorial Complutense, Fundación Carlos de Amberes, 2006, pp. 29-62.

Vries, Lyckle de, "The Changing Face of Realism", en Freedberg, David & Vries, Jan de (eds.), *Art in history, History in art: studies in seventeenth-century Dutch culture*, Santa Monica, California, Getty Center for the History of Art and the Humanities, 1991, pp. 209-244.

Warburg, Aby, "Arte italiano y astrología internacional en el Palazzo Schifanoia de Ferrara" (1912)", en Warburg, Aby, *El Renacimiento del paganismo. Aportaciones a la historia cultural del Renacimiento europeo*, traducción de textos del alemán de Elena Sánchez y Felipe Pereda, traducción de textos del italiano e inglés de Felipe Pereda, Virginia Martínez, Gonzalo Zolle y Luis Zolle, traducción de textos del latín de Inmaculada Rodríguez, Madrid, Alianza Editorial, 2005, pp. 415-438.

Westermann, Mariët, "Steen's Comic Fictions", en Chapman, H. Perry, Kloek, Wouter Th., Wheelock, Arthur K. Jr., *Jan Steen. Painter and Storyteller*, Washington: National Gallery of Art; Amsterdam, Rijksmuseum, 1996, pp. 53-67.

Westermann, Mariët, *Art & Home: Home Interiors in the Age of Rembrandt*, Zwolle, Waanders, 2001.

Westermann, Mariët, "After Iconography and Iconoclasm: Current Research in Netherlandish Art, 1566-1700", *The Art Bulletin*, vol. 84, núm. 2, 2002, pp. 351-372.

Westermann, Mariët, *Johannes Vermeer (1632-1675)*, Rijksmuseum, Ámsterdam, Waanders, 2005.

Westermann, Mariët, *A Wordly Art. The Dutch Republic 1585-1718*, New Haven and London, Yale University Press, 2007.

Westermann, Mariët, "Taking Dutch Art Seriously: Now and Next?", *Studies in the History of Art*, vol. 74, 2009, pp. 258-270.

Wheelock, Arthur K. Jr. (ed.), *Johannes Vermeer*. Catalogue Exhibition, texts by Arthur K. Wheelock, Jr., Albert Blankert, Ben Broos, Jorgen Wadum, National Gallery of Art, Washington, and the Royal Cabinet of Paintings Mauritshuis, The Hague, New Haven and London, Yale University Press, 1995.

Wilcox, John, "The Beginnings of l'Art pour l'Art", *The Journal of Aesthetics and Art Criticism*, vol. 11, núm. 4, 1953, pp. 360-377.

Zumthor, Paul, *Daily Life in Rembrandt's Holland*, trad. de Simon Watson Taylor, Stanford, Stanford University Press, 1994. [Edición original: *La vie quotidienne en Hollande au temps de Rembrandt (1606-1699)*, Paris, Hachette, 1960].

IMÁGENES

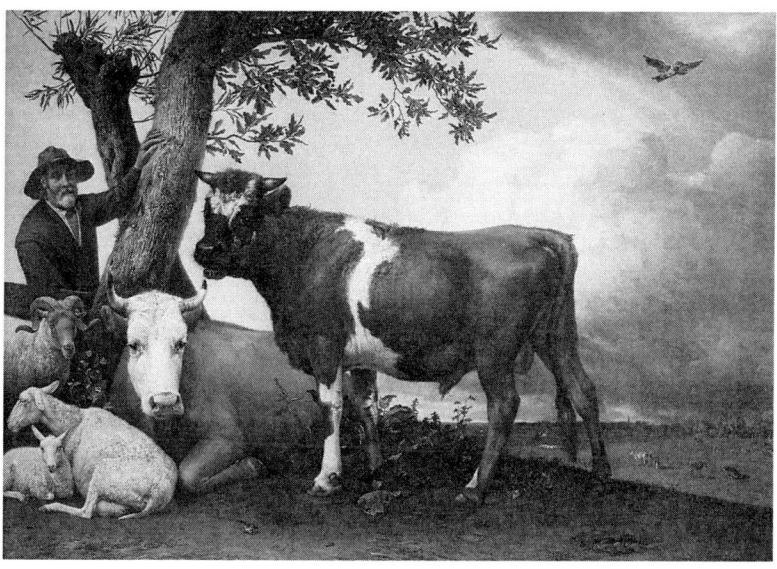

IMAGEN 1: Paulus Potter (1625-1654). *The Young Bull* (1647). Óleo sobre tela. 235,5 cm x 339 cm. La Haya, Mauritshuis.

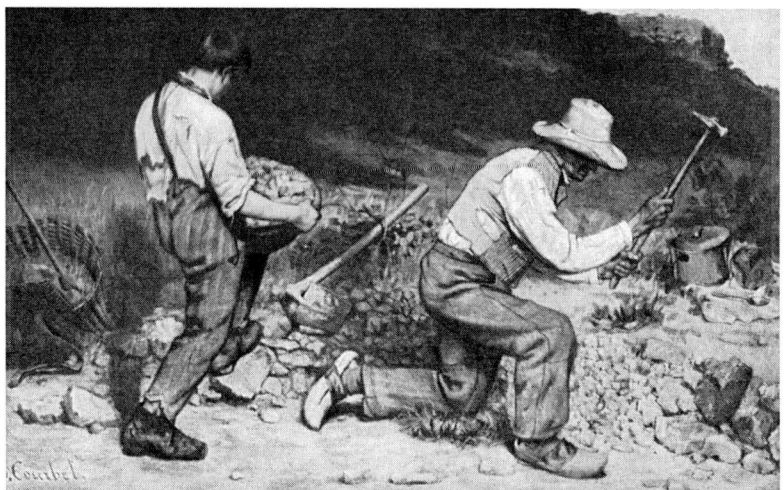

IMAGEN 2: G. Courbet (1819-1877), *Los picapedreros*, 1849 (destruido en 1945). Óleo sobre lienzo, 165 cm x 257 cm. Dresden. Galerie Neue Meister.

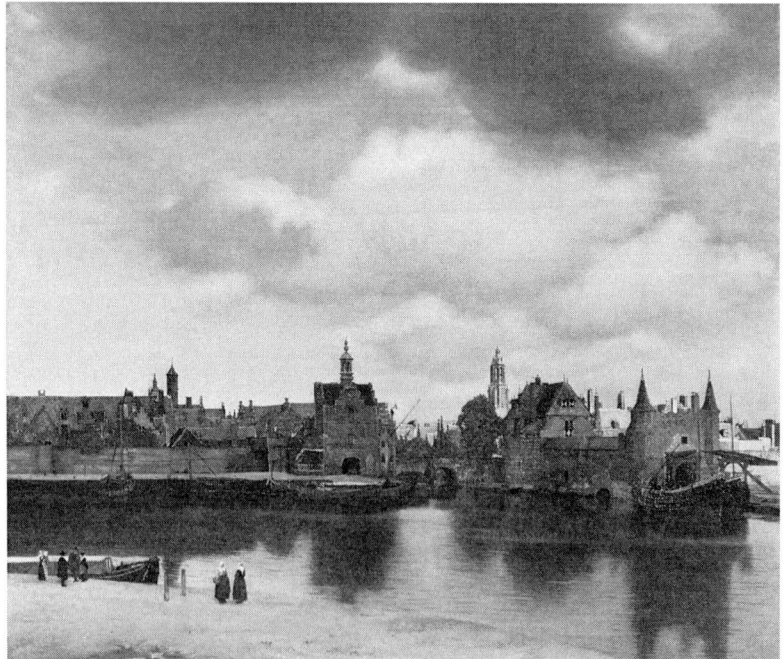

IMAGEN 3: Johannes Vermeer, *Vista de Delft* (hacia 1660-1661). Óleo sobre tela. 96,5 cm x 117,5 cm. La Haya. Mautritshuis.

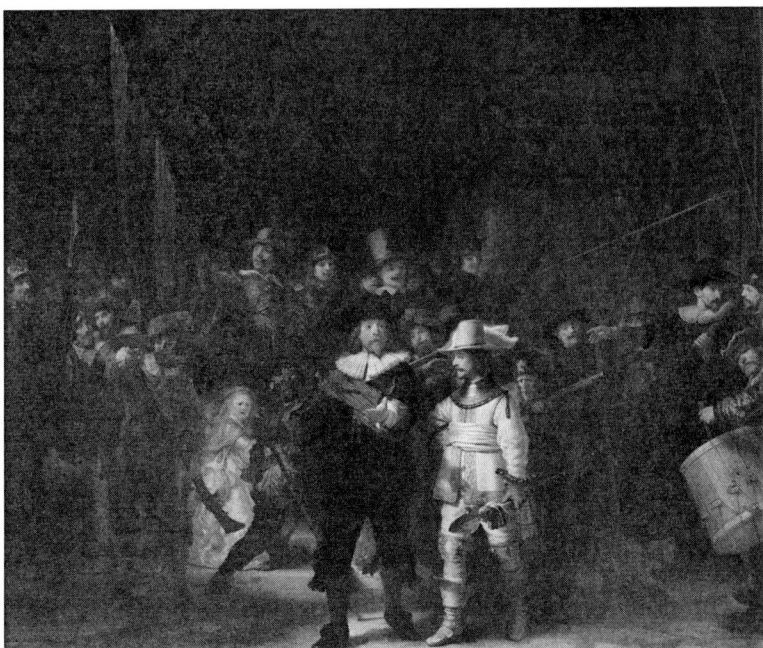

IMAGEN 4: Rembrandt, *La ronda de noche* (1642). Óleo sobre lienzo. 363 cm x 437 cm. Ámsterdam. Rijksmuseum.

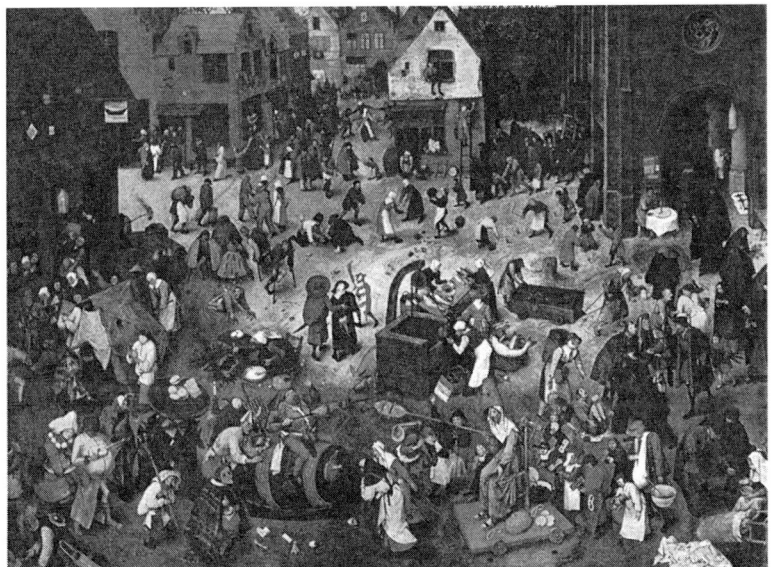

IMAGEN 5: Pieter Brueghel el Viejo (1526/1530-1569). *El combate entre don Carnaval y doña Cuaresma* (1559). Óleo sobre roble. 118 cm x 164 cm. Viena. Kunsthistorisches Museum.

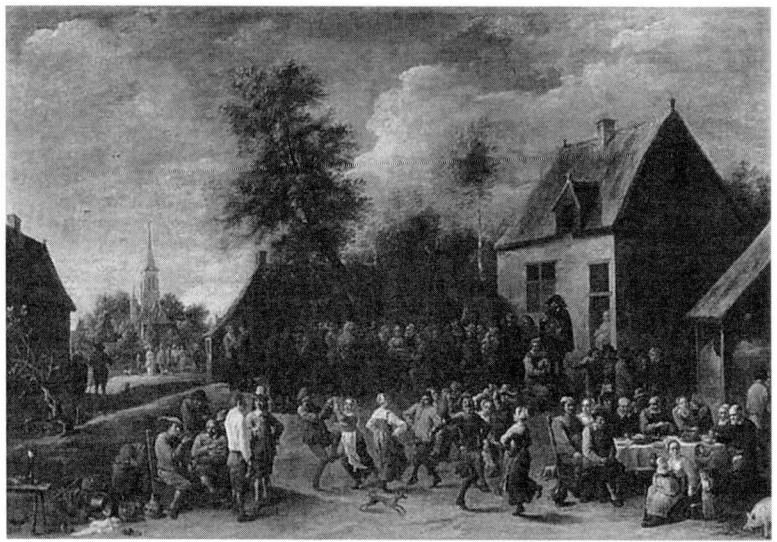

IMAGEN 6: David Teniers el joven (1610-1690). *Country celebration* (1647).
Óleo sobre tela. 75 cm x 112 cm. Madrid. Museo del Prado.

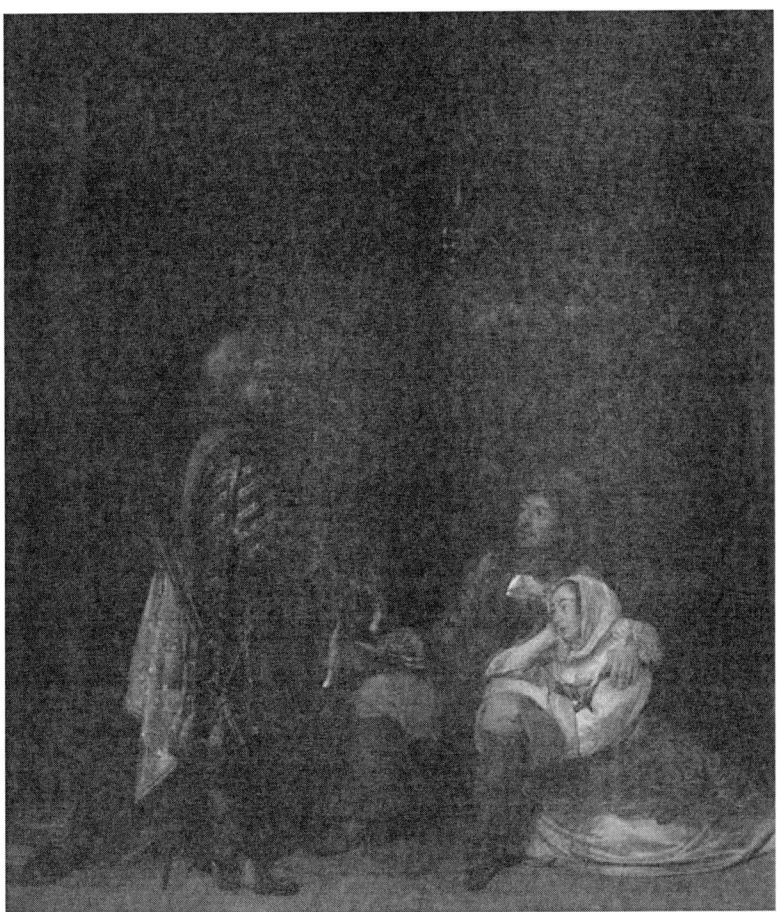

IMAGEN 7: Gerard ter Borch (1617-1681). *El mensajero,* conocido como *La desagradable noticia* (1663). Óleo sobre tabla. 66,9 cm x 59,3 cm. La Haya. Mauritshuis.

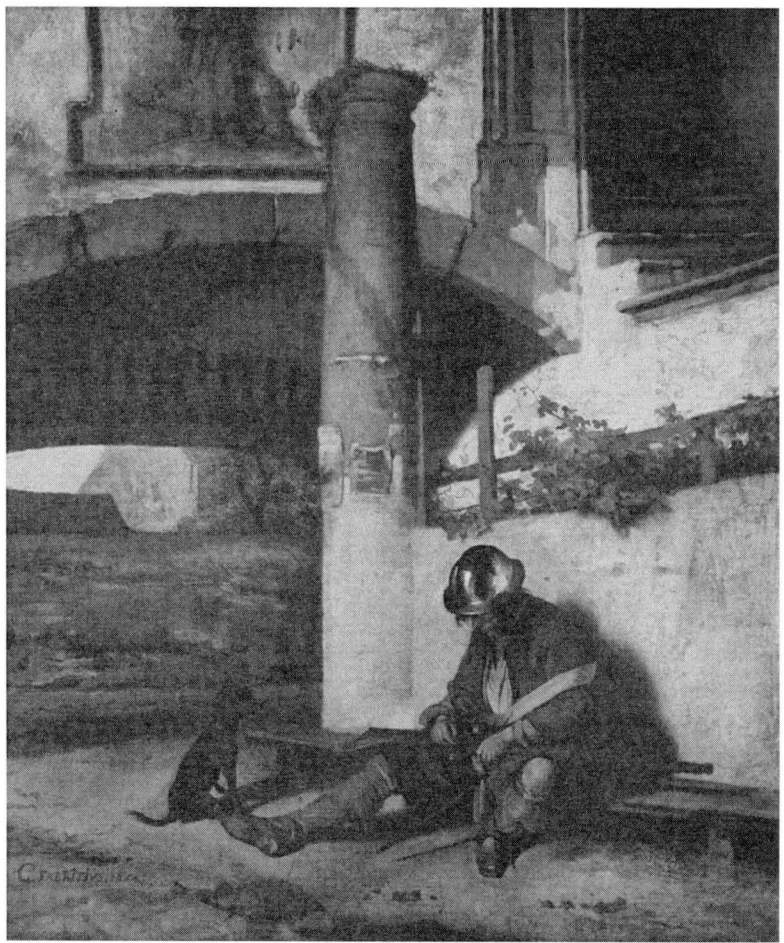

IMAGEN 8: Carel Fabritius (1622-1654). *El centinela* (1654). Óleo sobre lienzo. 58 cm x 68 cm. Schwerin. Staatliches Museum.

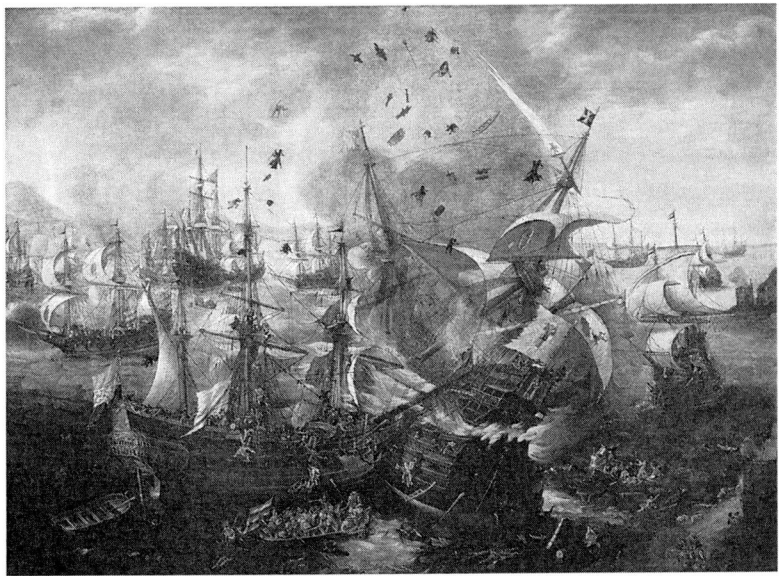

IMAGEN 9: Cornelisz Claes van Wieringen (1577-1633). *La batalla de Gibraltar.* (*ca.* 1621). Óleo sobre tela. 137,5 cm x 188 cm. Ámsterdam. Rijksmuseum.

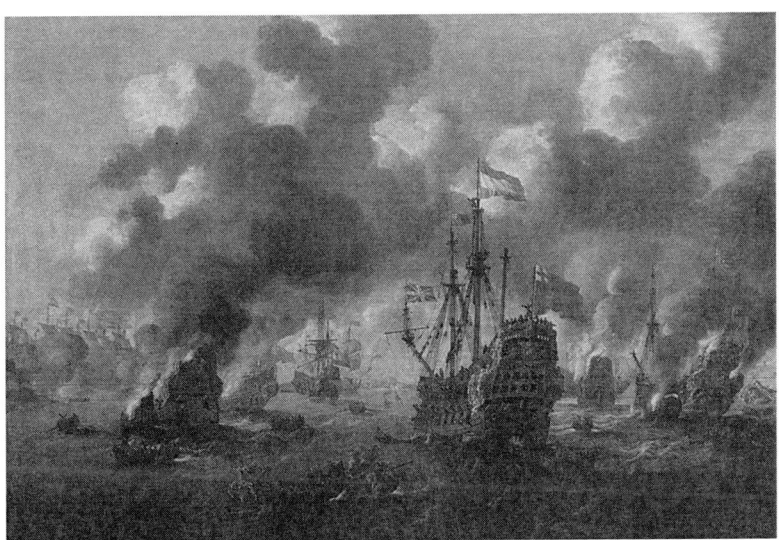

IMAGEN 10: Willem van de Velde el joven (1633-1707). *El incendio de la flota inglesa frente a Chatham.* (ca.1677). Óleo sobre tabla. 73 cm x 108 cm. Ámsterdam. Rijksmuseum.

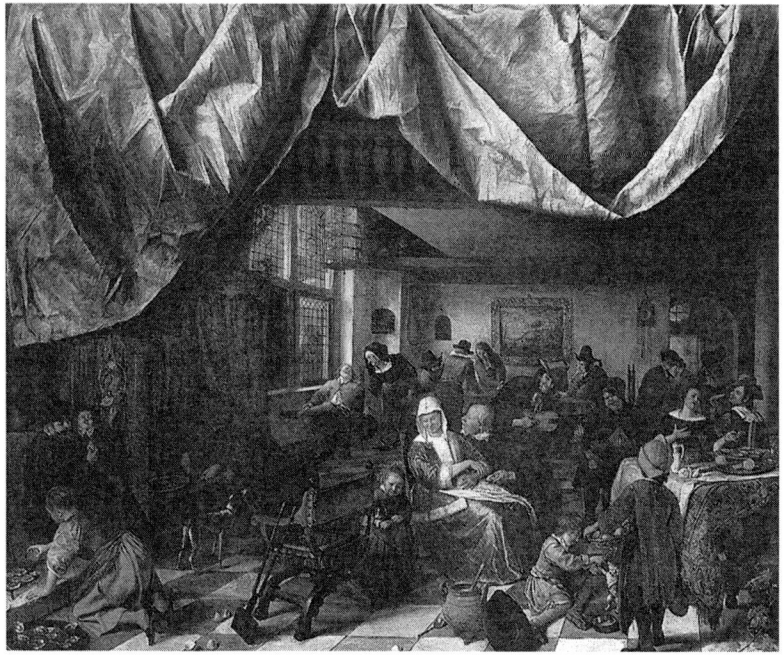

IMAGEN 11: Jan Steen (1626-1679). *The Life of Man* (*c.* 1665). Óleo sobre tela. 68,2 cm x 82 cm. La Haya. Mauritshuis.

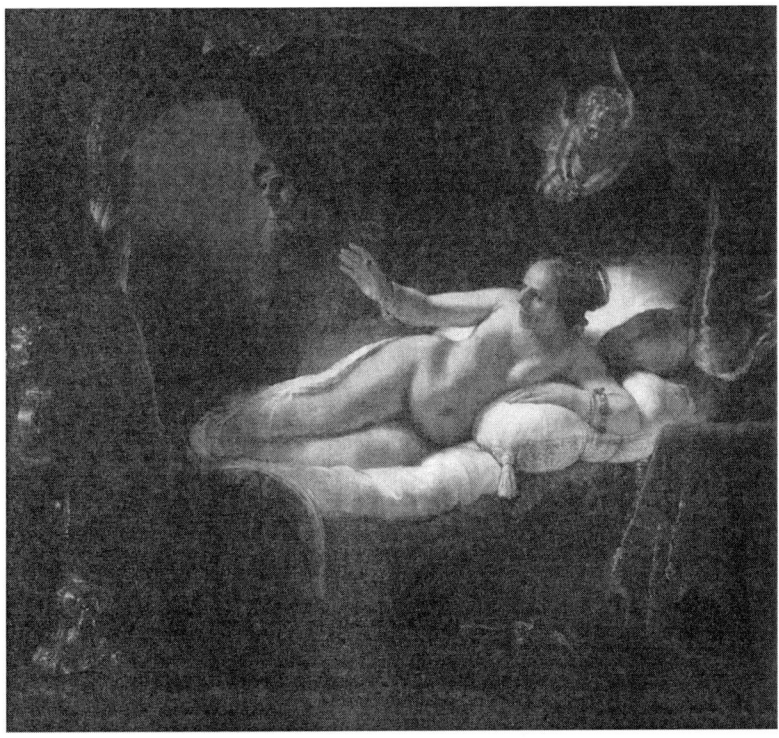

IMAGEN 12: Rembrandt, *Danae*, 1636. Óleo sobre tela. 185 x 202.5 cm. San Petersburgo. Museo del Hermitage.

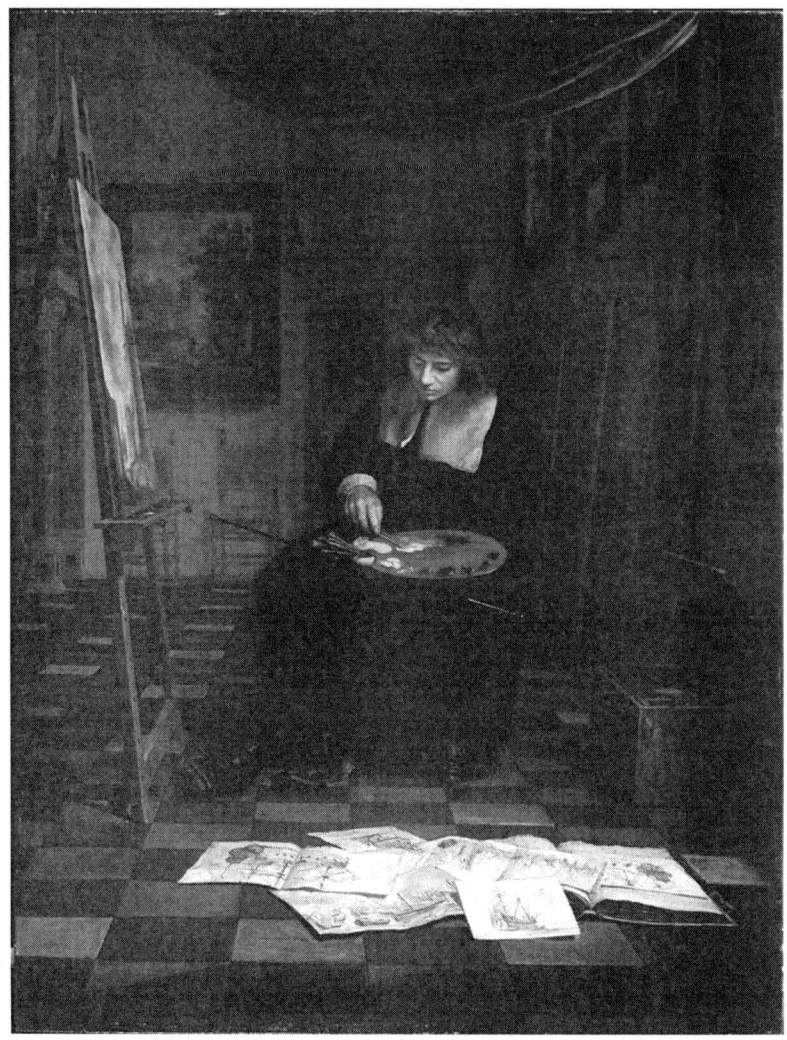

IMAGEN 13: Michiel van Musscher (1633-1707). *Pintor en un estudio* (ca. 1650).
Óleo sobre tabla. 47.6 x 36.8 cm. Viena. Museo Liechtenstein.

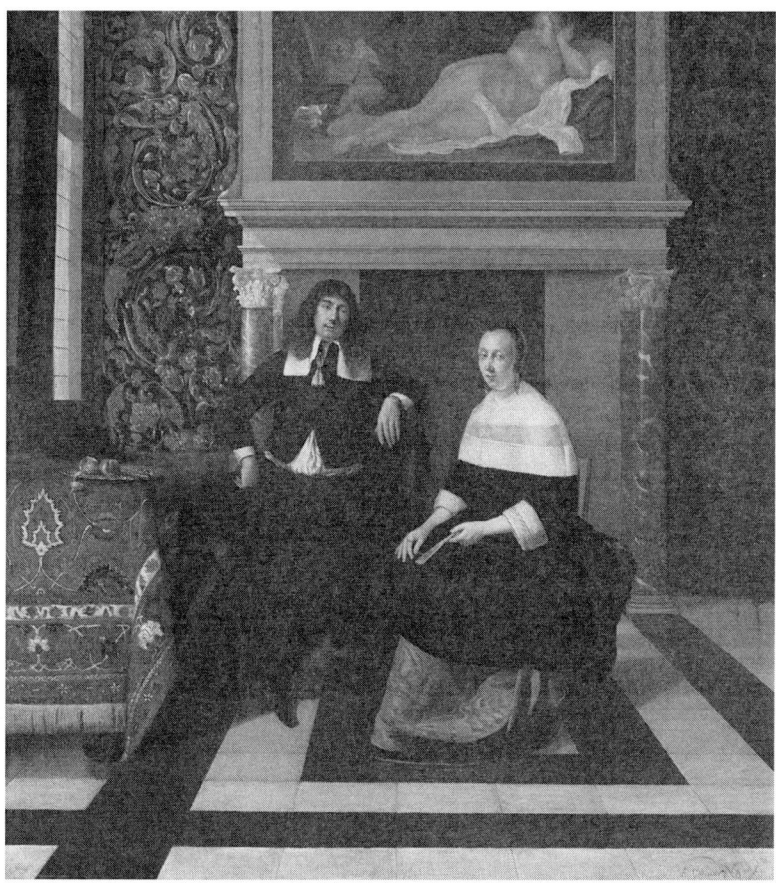

IMAGEN 14: Eglon van der Neer (ca. 1634-1703). *Couple in an interior* (ca. 1666). Óleo sobre tabla. 73.9 x 67.6 cm. Museo de Bellas Artes de Boston.

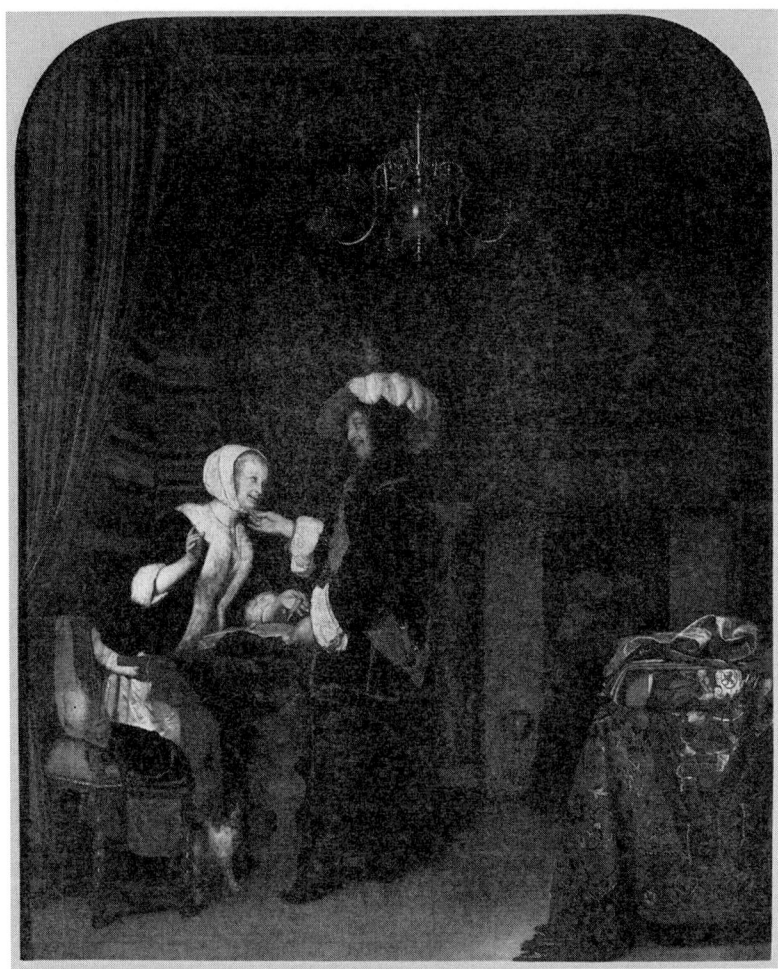

IMAGEN 15: Frans van Mieris the Elder (1635-1681), *The cloth shop* (1660).
Óleo sobre tabla. 55 x 43 cm. Viena. Kunsthistorisches Museum.

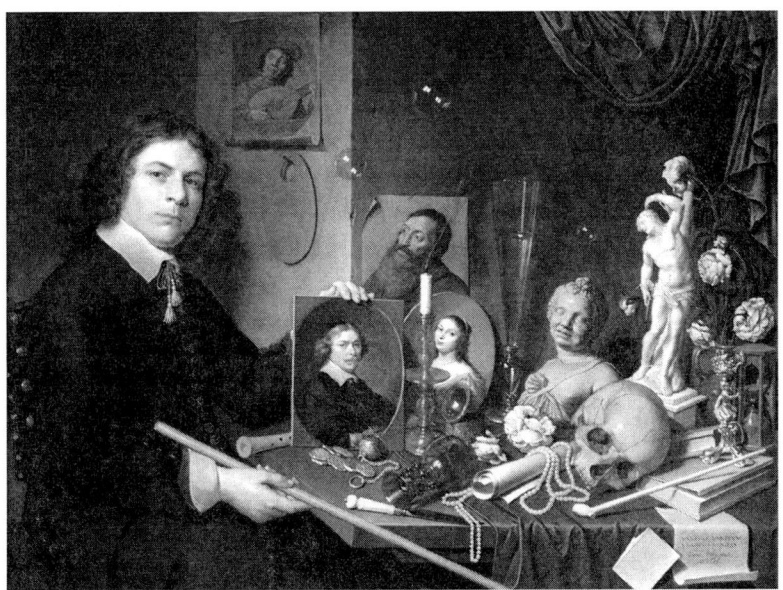

IMAGEN 16: David Bailly (1584-1657). *Vanity Still Life with a portrait of a Young Painter*, 1651. Óleo sobre tabla, 89.5 x 122 cm. Leiden, Stedelijk Museum De Lakenhal.

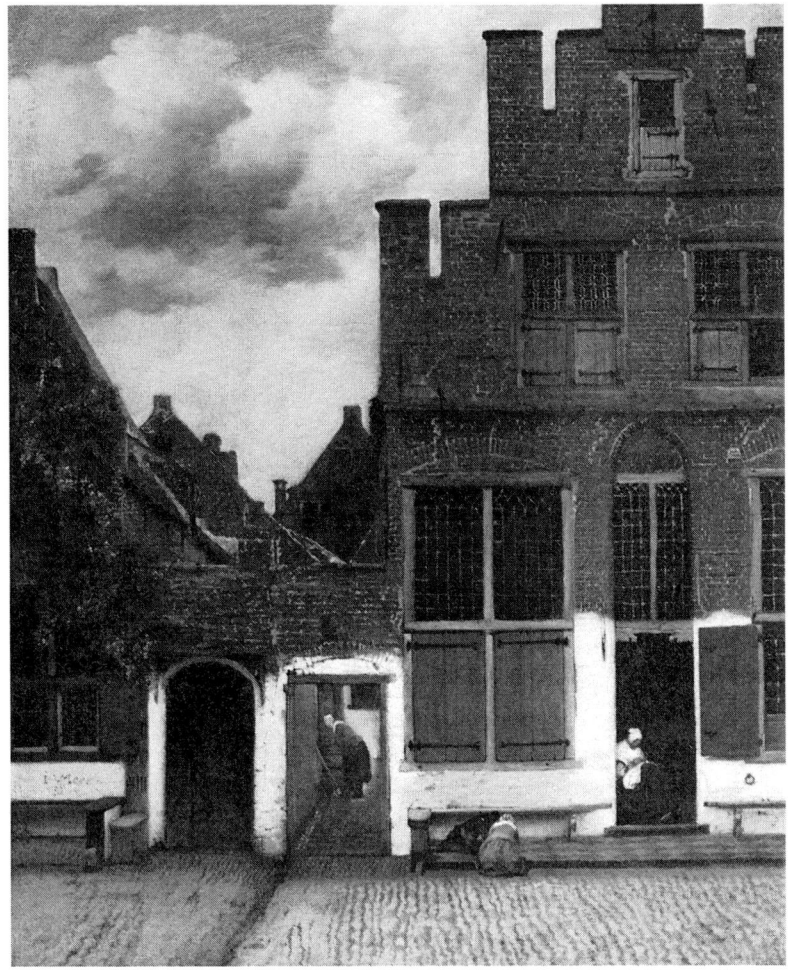

IMAGEN 17: Johannes Vermeer (1632-1675). *La callejuela* (ca. 1657-1658).
Óleo sobre lienzo. 54.3 x 44 cm. Ámsterdam. Rijksmuseum.

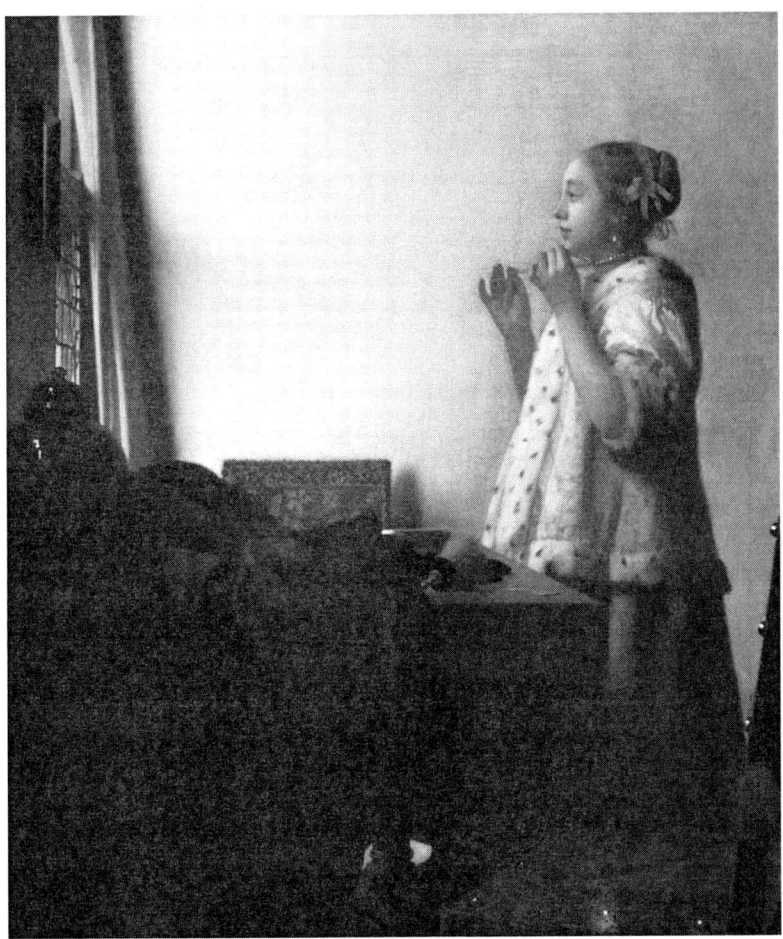

IMAGEN 18: Johannes Vermeer. *Mujer con un collar de perlas* (ca. 1660-1665).
Óleo sobre lienzo, 55 x 45 cm. Berlin, Gemäldegalerie.

Procedencia de los textos

El presente volumen ofrece las versiones revisadas, corregidas y ampliadas de los siguientes tres ensayos:

1. "La revalorización de la pintura holandesa del siglo XVII en Francia: Thoré, Taine y Fromentin", Buenos Aires, *Boletín de Estética* 56: 7-48, 2021. e-ISSN 2408-4417 / DOI: 10.36446/be.2021.56.280

2. "Realismo y pintura holandesa del Siglo de Oro: Fromentin y Hegel", Buenos Aires, *Boletín de Estética* 60: 29-74, 2022. e-ISSN 2408-4417 / DOI: 10.36446/be.2022.60.285

3. "Realidad y apariencia en la pintura holandesa del siglo oro", Buenos Aires, *Boletín de Estética* 70: 7-49, 2025. e-ISSN 2408-4417 / DOI: 10.36446/be.2025.70.407